JN133029

「鍼灸も普通の整体もできるのに、どうしてこんな施術方法を選んだんですか？」

そう尋ねられることもあります。確かに、エネルギー施術というと怪しさが先行して疑問を感じる方も多いでしょう。私がエネルギー施術を行っているのは、原因がわかっている痛みや症状に対してももちろんですが、原因がハッキリしない症状に対しての効果が高いからです。

特に自律神経系の症状は、神経・内臓・血流・リンパ・脳・ストレス・毒素・栄養状態・生活習慣など、様々な要因が絡み合ったものが原因であることがほとんど。これらの多岐にわたる原因を包括的にみることができ、必要な部分にだけアプローチするには、エネルギー施術が最も効率が良かったのです。

もう一つの理由は、日々コツコツと試行錯誤を積み重ねた分、勉強した分だけ効果が出やすくなること。これはどのような施術法でも経験を重ねることは大切ですが、エネルギー施術は施術者の知識・精神状態・生活状態が反映されやすいのです。例えば、食生活を変える、家族と向き合う、趣味に没頭する時間を大事にするなど、一見施術と関係のなさそうに見える部分の試行錯誤が、驚くほど施術効果を高めてくれます。

このように効果的で興味深い施術だからこそ、このような本を書く機会をいただけるまで突き詰めてこられたのだと思います。

昨今、うつやパニックといったメンタルの悩み、動悸やめまいなどの自律神経系の悩みを抱えている人が増えています。食べ物・社会のシステム・パソコンやスマートフォン・SNS……これほどストレスフルな社会に生きていれば、心身がそれに対して「今の生活は身体に合わないから何とかして！」と、症状というSOSサインを出すのは当然のことと言えるでしょう。

このような悩みを抱えた方が、日本全国、時には海外からも常若整骨院へ来院されます。大変ありがたいことですが、もしも全国各地に同じように心・身体・自律神経と向き合える治療院があったら、きっとより多くの方の力になれるに違いありません。

「どこへ行っても、決定的な解決ができなかった」という、ドクターショッピングや治療院めぐりを繰り返してきたクライアントの方々が求めているのは、症状の改善であり、原因を掘り出すことであり、傷ついた心に寄り添うあたたかさであり、時に困難に思える回復への道のりを一緒に走ってくれる伴走者です。この本が、その一助となれば幸いです。

CONTENTS

気・エネルギーを整える！自律神経療法の教科書

はじめに……………2

理論編　自律神経を整えるエネルギー調整とは？

第1章　自律神経の働きと身体エネルギーの理解……………11

自律神経の仕事＝生命活動の維持／シーソーのような交感神経と副交感神経
日常で自律神経にダメージを与えるもの／自律神経は心と身体をつなぐ器官
エネルギーは目に見えない血液である／エネルギーを実際に体感できるワーク
エネルギーの詰まりが身体の不調に現れる

第2章　症状ではなく、その原因にアプローチするために……………33

症状の出た場所に原因はない／東洋医学が結びつける、感情と人体
チャクラや経絡を通じ、エネルギーで人体をサポートする／頭蓋骨（クラニアル）は身体の縮図

第3章 「なぜ、その症状は現れたか」を知るカウンセリング……63
症状を追いかけるのをやめよう／「なぜ、その症状は現れたのか?」と問いかける
症状の原因は、クライアントの人生の中にある
症状から、その人がしている「無理」を推理する／効果的なカウンセリング（問診）のポイント

実践編 エネルギー調整をやってみよう

第4章 関節可動域には心身のすべてが現れる……83
可動域検査こそが施術の効果を左右する／可動域検査で施術者とクライアントの共通認識を作る
可動域が変わると、なぜ症状が変化するのか?／可動域の基礎知識／立位での可動域検査
座位での可動域検査／仰臥位での可動域検査／可動域検査によってわかる調整部位

第5章 潜在意識に原因を尋ねる方法……119
潜在意識に身体の言い分を聞く／すべては「設定」＝自分ルールに沿って動いている
キネシオロジーを応用して潜在意識に尋ねる／より実践的な尋ね方3パターン
潜在意識に尋ねる検査の精度を上げるには?

第6章 「触れるだけ」の気功を応用したエネルギー調整……135
軽く触れるだけでエネルギーの詰まりをとる方法
エネルギー調整の部位一覧（経絡・チャクラ・クラニアル）／症状別の調整部位
常に自分とクライアントに問いかけ続ける／エネルギー調整の施術・上級編

アドバンス編 確実に結果を出す秘訣

第7章 施術だけで症状が改善しない理由……153
支配するのもされるのも、改善の邪魔をする／施術者の領域と、クライアントの領域
クライアントを手放す勇気と誠意

第8章 「症状の最大の原因＝生活」を整えるセルフケアアドバイス……163
セルフケアの3大原則／一番の近道は食べ物を変えること
家庭、仕事、人間関係……ストレスと上手に向き合うコツ／性格と考えグセは別物と知る
能動的に行うセルフケアが最大の効果を生む／「好きなこと」こそが生命力を作り出す！

第9章
施術者の能力を底上げする方法……187
食事、家庭、仕事……施術者が一番問われている／自営業者にありがちな考えグセと不調
職場の人間関係もクライアントに対するものと同じ
「これさえやれば」の一発逆転思想はケガのもと／統一性のないツギハギ施術にならないために
クライアントのエネルギー量を超えるための深呼吸法
週1回の神社参拝や植物でエネルギーをクリアに太くする
しがらみを捨て、好きなこと（施術）にエネルギーを注ぐ
おわりに……210

第1章

理論編

自律神経を整えるエネルギー調整とは？

自律神経の働きと身体エネルギーの理解

自律神経の仕事＝生命活動の維持

めまい、耳鳴り、頭痛、気圧や天気の変化に伴う症状、検査をしても原因がハッキリしない不調などがあると「自律神経からくる症状かな？」とよく言われますよね。そのせいか、自律神経にはボンヤリとした捉えどころのないイメージを抱いている方も少なくありません。中には、自律神経という言葉が出される＝原因不明でどうしようもない、と捉えている方もいらっしゃいました。

そもそも自律神経とはどのようなものなのでしょうか。

自律神経とはその名の通り、私たちが意図しなくても勝手に（自律して）動いてくれている神経です。以下のようなことに関わり、生命活動の維持を行っています。

・心臓をはじめとした内臓を動かす
・体温や体内気圧の調整
・呼吸
・分泌

・排泄
・生殖
・免疫

このように、とにかく行う仕事が多い自律神経ですから、疲れが溜まったり忙しくなると仕事にばらつきが生じてきます。

例えば、胃腸の働きが落ちると、そちらを動かすことにエネルギーを多く割くことになり、同じく自律神経が担当している体内気圧の調整がうまくいかなくなったり、おおざっぱになる……ということも起こります。体内気圧をうまく調整できないと、血管が拡張したり収縮したりで、周囲の神経に触ります。これが、「天気が悪くなると頭痛がする」等の自律神経症状につながります。

自律神経失調症というボンヤリしたイメージと、腸や心臓という具体的な内臓の不調は、もしかしたら結びつきにくいかもしれませんね。

自律神経が乱れる、自律神経症状が出るということは、連鎖的に動いている内臓や神経などが、どこかの不調に端を発してうまく連携がとれなくなっているということ。症状が現れている一部分だけの問題ではなく、心身全体の疲労や不調のサインといえます。

シーソーのような交感神経と副交感神経

自律神経は、交感神経と副交感神経という二種類の神経から成り立っています。交感神経と副交感神経は、一つの部位に対して反対の働きを指示し、お互いがシーソーのようにバランスを取り合うことで、身体を健全に働かせています。

◎交感神経……日中の活動・ストレス・危機管理などを担当する神経。

・心拍を速くする
・気道を開く（息を吸う）
・発汗を促す
・血管を収縮させる
・血圧を上げる
・筋肉を緊張させる
・腸の蠕動《ぜんどう》運動を抑制する

◎副交感神経……夕方〜夜間の休息・リラックス・睡眠などを担当する神経。
・心拍をゆっくりにする
・気道を狭める（息を吐く）
・発汗を抑える
・血管を拡張させる
・血圧を下げる
・筋肉を弛緩させる
・腸の蠕動運動を促す

しかし、何らかの要因で交感神経と副交感神経のバランスが崩れてしまうことがあります。最も多いのは、ストレス・食生活・生活習慣などの要因で心身が緊張状態となり、交感神経ばかりが働いてしまうこと。

交感神経が働きっぱなし（亢進状態）になると、副交感神経に切り替わりにくくなってしまい、動悸・息が浅くなる・血圧の上昇・筋肉のコリ・便秘・不眠・多汗・イライラや不安などの悩みに見舞われやすくなります。

しかし、交感神経は永遠に働き続けられるわけではありません。頭打ちになった交感神

◇自律神経の働き

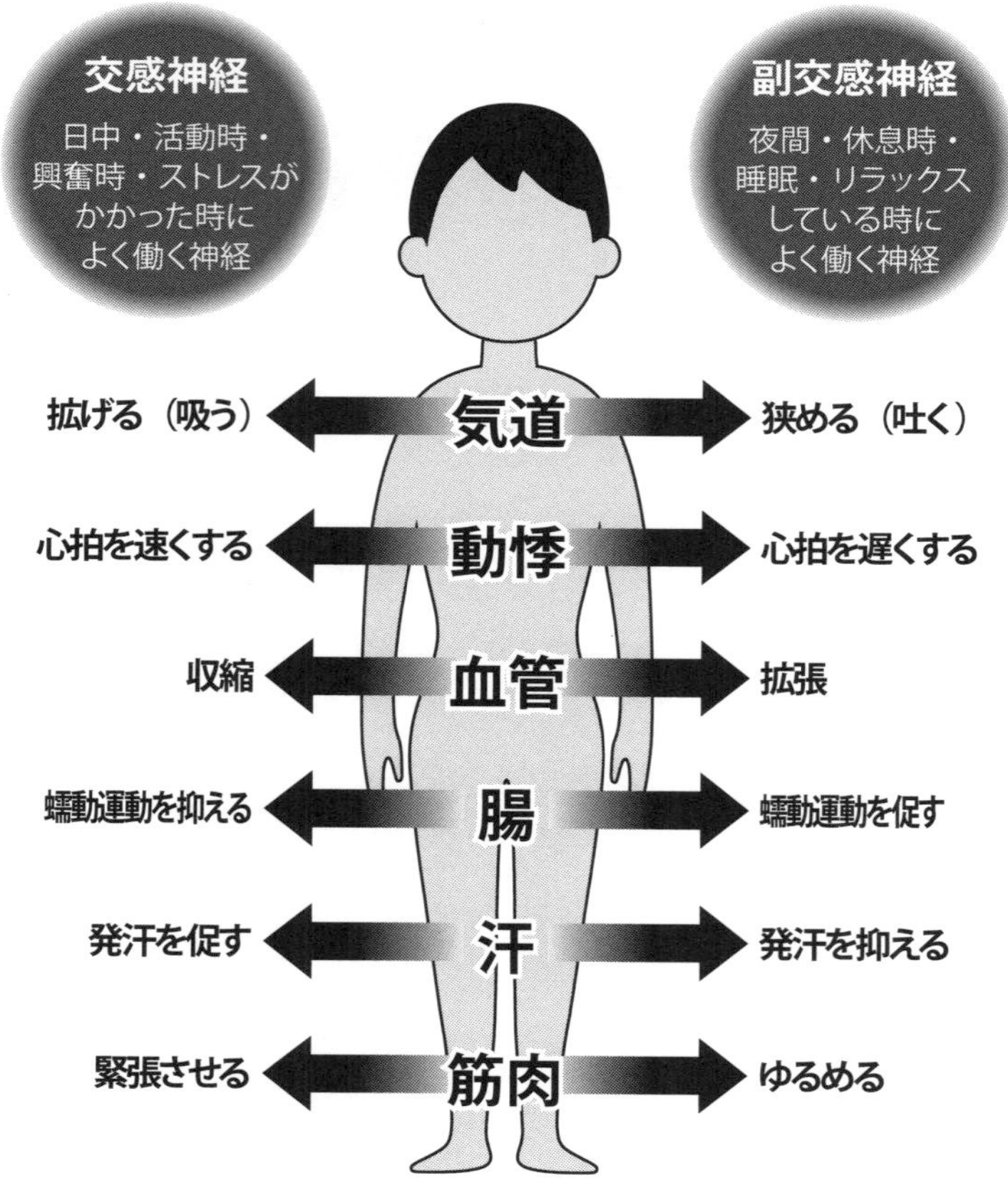

交感神経
日中・活動時・興奮時・ストレスがかかった時によく働く神経
副交感神経
夜間・休息時・睡眠・リラックスしている時によく働く神経
拡げる（吸う）
気道
狭める（吐く）
心拍を速くする
動悸
心拍を遅くする
収縮
血管
拡張
蠕動運動を抑える
腸
蠕動運動を促す
発汗を促す
汗
発汗を抑える
緊張させる
筋肉
ゆるめる

経は機能低下に入り、今度は副交感神経ばかりが働く状態になります。すると今度は、朝起き上がれない・倦怠感・低血圧・痒みや痛みを強く感じる・アレルギー症状が出やすくなる・下痢・憂鬱などに悩まされるようになります。

このまま副交感神経が働きすぎる状態が続けばまた頭打ちになり、今度は機能低下した交感神経に切り替わり……と繰り返すうちに、自律神経全体がどんどん疲労し、自律神経失調症と呼ばれる状態に陥ってしまうのです。

中には、副交感神経を酷使することから自律神経の乱れが始まっている方もいらっしゃいます。あまりにもメリハリのないダラダラした生活（電気をつけっぱなしで昼夜の明るさに差がない、空調が効きすぎて季節による温度変化を感じない、いつも何かを食べている、外出をほとんどしない、面倒なことに手をつけずにいる等）を続けていると、副交感神経が働きすぎる状態になってしまうのです。

日常で自律神経にダメージを与えるもの

具体的に、何によって交感神経や副交感神経は疲れてしまうのでしょうか。自律神経にダメージを与える具体例としては、以下が挙げられます。

- 甘い物（砂糖・人工甘味料・ジュース・清涼飲料水・お菓子など）の摂りすぎ。
- 精製炭水化物（小麦粉・パン・パスタ・うどん・ラーメン・ピザ・お菓子など）の摂りすぎ。
- 食品添加物（外食・インスタント食品・出来合いのお惣菜など）の摂りすぎ。
- 痛み止めや風邪薬など、お薬のやたらな常用。
- 食べすぎ、飲みすぎ。
- 睡眠不足が続く状態。
- 重労働や長時間労働が続く状態。
- 人間関係、仕事、家庭の中のストレスが解決されず続いている状態。

甘い物や炭水化物などの糖類は、血糖値の乱高下によって膵臓をはじめとした内臓を疲労させると同時に、イライラや不安などを煽りストレスを感じやすくしてしまう性質があります。

また、小麦粉のグルテンによって腸が荒れると、免疫力が低下し、身体全体に負担がかかりやすくなります。

食品添加物は食べてすぐに害が出ることは多くありませんが、何年も取り続けることで蓄積され、内臓に負担をかけます。イライラや癇癪《かんしゃく》、集中力の低下などの原因になる場合もあり、ストレスを倍加させてしまいます。

痛み止めや風邪薬は、身体の免疫反応（熱・痛み・咳・鼻水など）を止める作用があります。冠婚葬祭や試験などのどうしても休めない一大事の時はともかく、日常的に飲み続けていると、免疫がどんどん弱ったり暴走するようになり、免疫を動かしている自律神経の乱れにつながります。

食べすぎ飲みすぎは、経験したことがある方ならおわかりのように、胃腸や肝臓が疲労して吐き気やだるさをともないます。身体にとって食べたものの消化吸収が最も重要な仕事ですから、食べ物を処理している間は、身体の回復にエネルギーをまわしにくくなってしまうのです。

睡眠不足や重労働が続くと、心身にとって必要な回復時間が確保できず、疲労回復が先送りになり、疲労が蓄積された結果として様々な症状が現れます。

いつも忙しく、やらないといけないことで頭の中がいっぱいだと、交換神経が興奮状態になって副交感神経にスイッチが切り替わりにくく、寝つきが悪い・眠りが浅い・寝た気がしないなど、休息そのものが取りづらくなってしまいます。

こういったダメージを与えるものに対して、理屈はわかるけれど実体験としてピンとこない、という方もいらっしゃるでしょう。

「パンを食べてお腹を壊しもしないし、外食していきなり気持ちが悪くなったりもしない」「仕事場の人間関係は微妙だけど、今さら言っても仕方ないし、もう慣れた」「でも、身体はいつもだるいし、疲れはとれなくなっていくし、めまいや動悸がひどい時がある……」

人の心身は今の生活を送っていくために「ダメージだとわかるとやっていけなくなってしまうから、わからないようにマヒさせてしまおう」とすることがあります。頭では慣れたつもりでいても、心身にはずっとダメージが蓄積され続けているのです。

自律神経は心と身体をつなぐ器官

自律神経に影響を及ぼすのは、物理的な要因だけではありません。自律神経に最もダメージを与えるのはストレスです。ストレスというと心や意志の問題であり、身体とは直接的な関係がないように思えるかもしれません。

しかし、例えば以下のように、心の状態はその場で身体に反映されます。

- **人前に立つ時、緊張して手に汗をかく。**
- **怒りで顔が赤くなる。**
- **失敗に気がついてサーッと血の気が引く、手が冷たくなる。**
- **好きな人のことを考えて胸がドキドキする。**

発汗・血管の拡張や収縮・心拍など、精神状態を身体に現しているのが、他ならぬ自律神経です。自律神経とは、心と身体をつなぐ神経であると言えるでしょう。

精神状態が乱れる＝ストレスを感じるほど、自律神経は仕事が増え、疲労しやすくなります。家庭や仕事で強いストレスにさらされる時間が長ければ、その間、特に何もしていなくても自律神経は翻弄され、疲労し続けていきます。ストレスから暴飲暴食をしたり、仕事のシフトなどで昼夜逆転生活が続けば、さらに自律神経は乱れていくでしょう。

逆に、何か突発的なストレスや頑張らなければならない時期があっても、上手にストレスを発散したりゆるめる時間を作るようにすれば、自律神経を休息させることができます。

とはいえ、一度疲労した自律神経を自分の力だけで立て直すのは容易ではありません。人間関係や労働環境、食事や習慣など生活全体を見直すことになりますし、実感を得るまでに時間がかかるからです。

そんな時に頼れるサポート役を務めるのが、これから紹介していくエネルギー調整です。

エネルギーは目に見えない血液である

エネルギーと言うと、途端に胡散臭い香りがしてきますよね。もう少し実際的な言い方をすると、東洋医学で「気」と呼ばれるものです。

血管の中を血液が通って身体の隅々まで栄養を運んでいるように、人の身体には経絡という気の通り道が張り巡らされています。経絡の中を気が流れ、身体のあちこちに活力・

生命力・身体の防御力・循環力などを届けています。

気や経絡を使った施術として最も有名なのが鍼やお灸です。エネルギーの詰まり・過剰・枯渇などを補うことで、心身の調子を整えていきます。

漢方でも、気の滞り（気滞）や気の不足（気虚）から症状が生まれるとされ、気の流れを補うための漢方薬が存在します。食べ物で身体を整える薬膳においても、同じように気を補う食材や調理法が用いられます。

自律神経を整えるエネルギー調整でも経絡を用います。経絡以外にもアーユルヴェーダ（インド伝統医学）やヨガなどで使われるポイント、チャクラにもアプローチするため、エネルギーという言葉で表現しています。

エネルギーを実際に体感できるワーク

このようなエネルギーについて言葉で説明しても、なかなかピンとこないかもしれません。実際に、ご自身の身体に流れているエネルギーを感じてみましょう。

①右手のひらを、左手の甲の上に、5センチほど離してかざします。
②手の甲がじんわりと温かい、ピリピリする、ムズムズするなどの感覚を感じてみます。
③ゆっくりと手のひらを前後左右に動かし、その動きとともに温かさ・ピリピリ・ムズムズ感も移動するのを感じてみます。

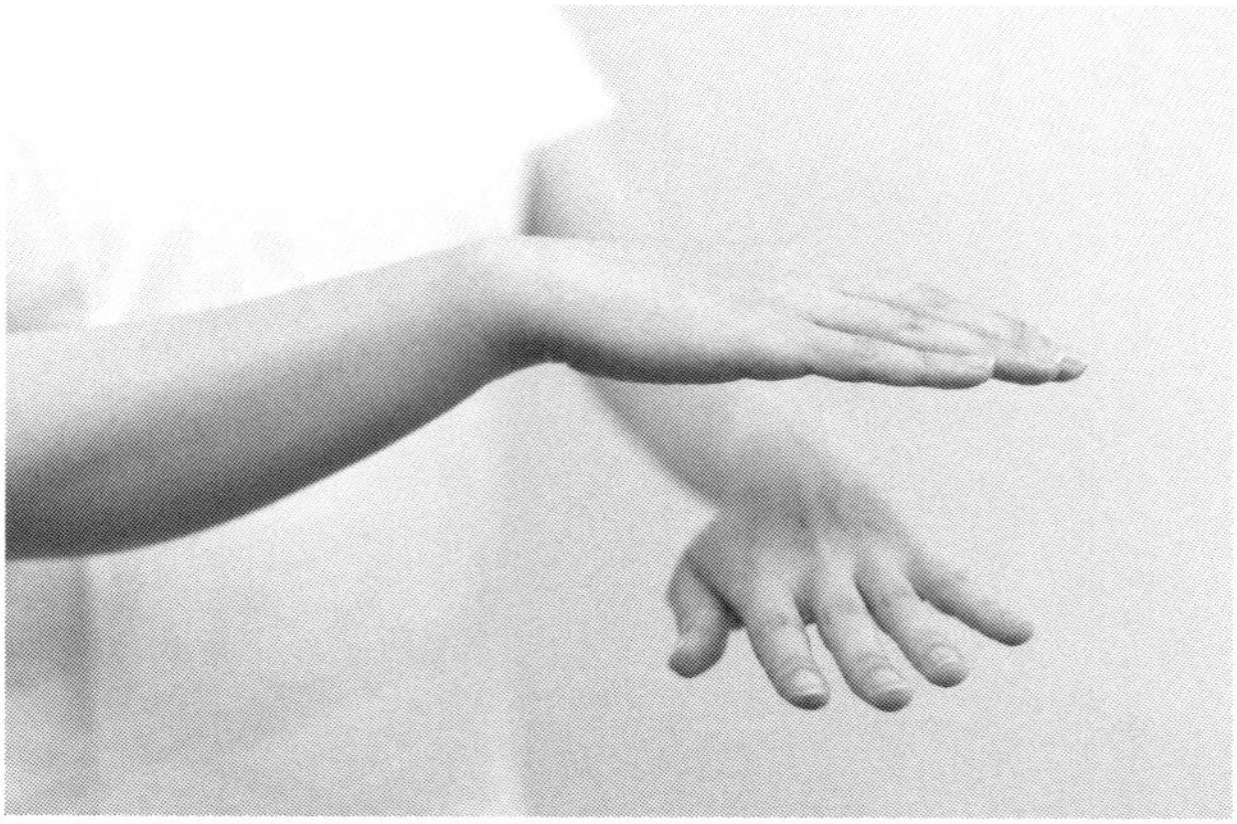

手の甲がじんわりと温かい、ピリピリする、ムズムズするなどの感覚を感じてみよう。

手のひらの真ん中には、労宮《ろうきゅう》というツボがあります。このツボはエネルギーの出し入れをする場所ですから、手のひらを感覚の鋭い場所にかざすと、気の動きを感じやすくなります。

エネルギーの出し入れをするツボは、他にも頭頂にある百会《ひゃくえ》、おへその下にある丹田《たんでん》などがあります。

もう一つ、誰かとペアで行うエネルギー体感ワークをご紹介します。

①一人は椅子に座り、もう一人はその後ろに立ちます。

②座った人の左腕をとり、右肩甲骨の辺りをやさしく押さえながら、肩の筋肉だけを使わせるイメージで腕を真横に持ち上げます。どこかで引っかかかる・上がらなくなる・痛みが出るなどがあれば、それを覚えておきます。

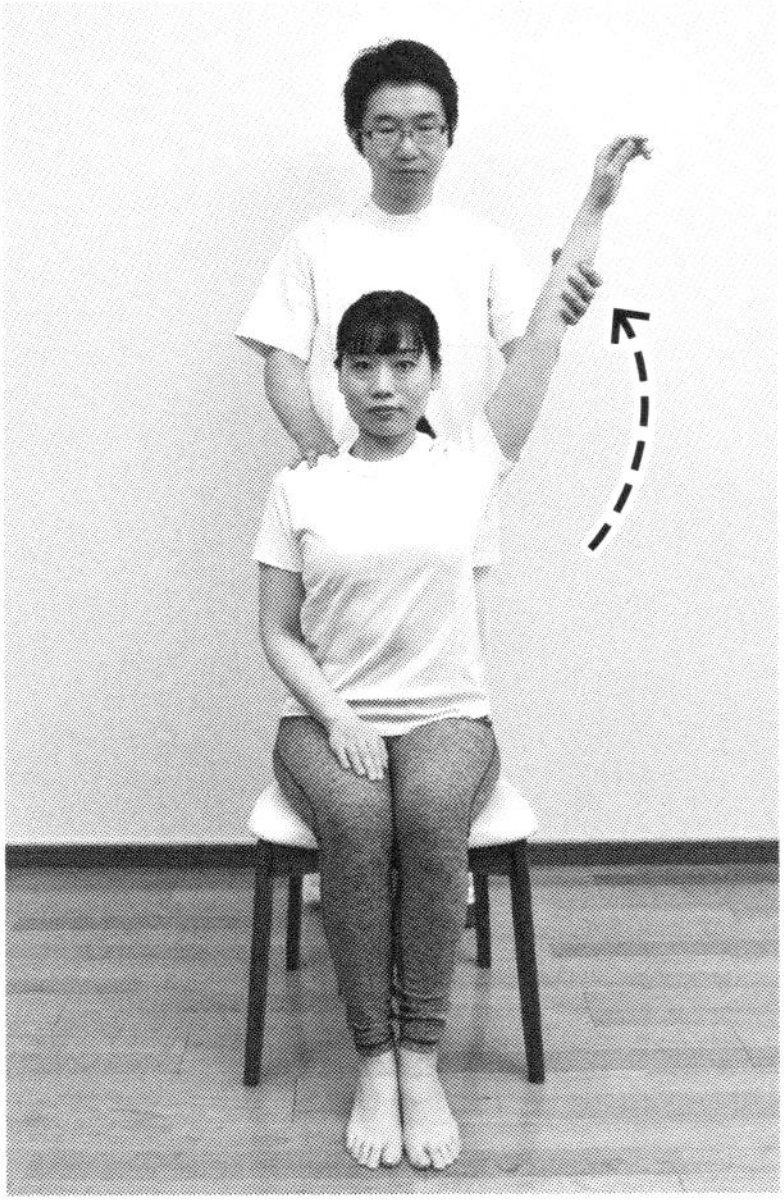

クライアントの腕を真横から持ち上げる。動きに引っかかりはないか？

③座った人の右手のひらを、頭のてっぺんに置きます。気を出し入れする百会と労宮がくっついて、全身のエネルギー循環が活発になります。

④この状態で、②と同じように腕を真横に持ち上げます。②の時より引っかかり・上がる位置・痛みなどが改善していれば、エネルギーの通りが良くなっている証拠です。

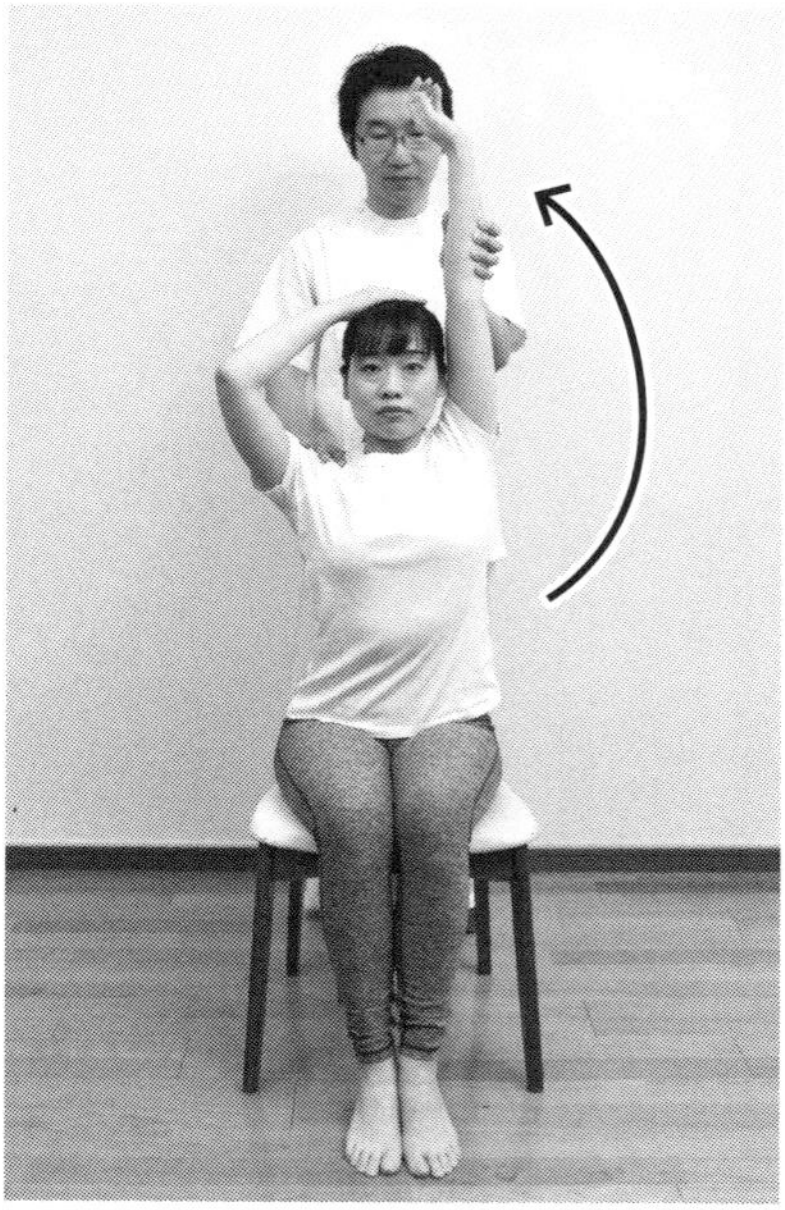

クライアントの右手を頭に置くと、左腕が楽に待ち上がるようになる。

エネルギーには流れる方向があります。例えば、身体の前中心を通る任脈というエネルギーラインには、下（陰部）から上（百会）に向けて気が通っており、身体の後ろ中心を通る督脈というエネルギーラインには、上（百会）から下（陰部）に向けて気が通っています。

この流れを整えるとどうなるか、逆らうとどうなるかを体感するのが、次のペアエネルギーワークです。

◇エネルギーを体感するペアワーク

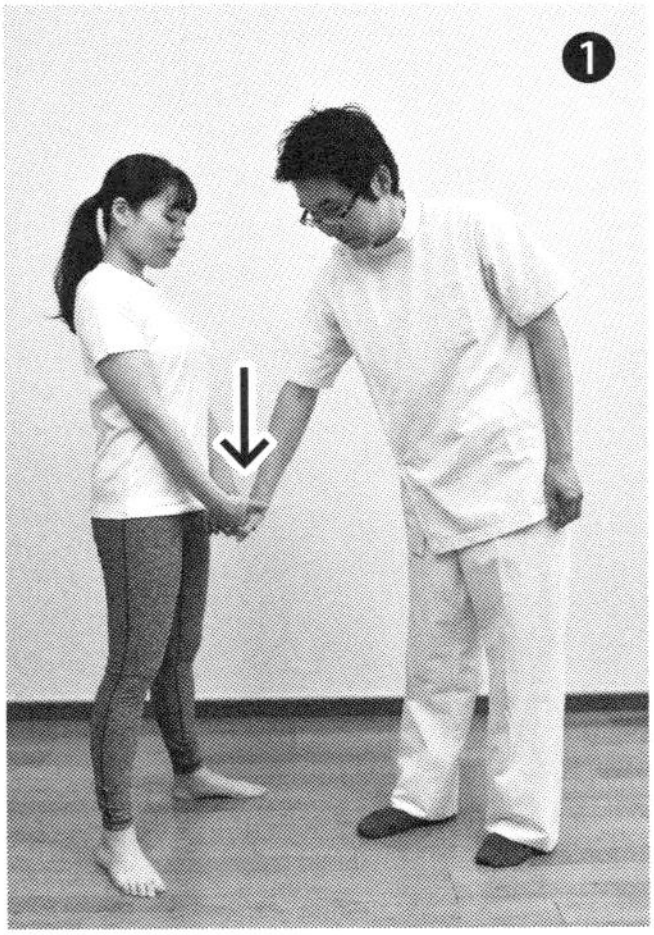

クライアントに手指を前で組んでもらい、施術者がその手に上から体重をかける。この時、耐えられるか・ふらつくかを確認する（同様に腰の後ろでも手指を組み、同じように上から体重をかけ、耐えられるか・ふらつくかを確認する）。

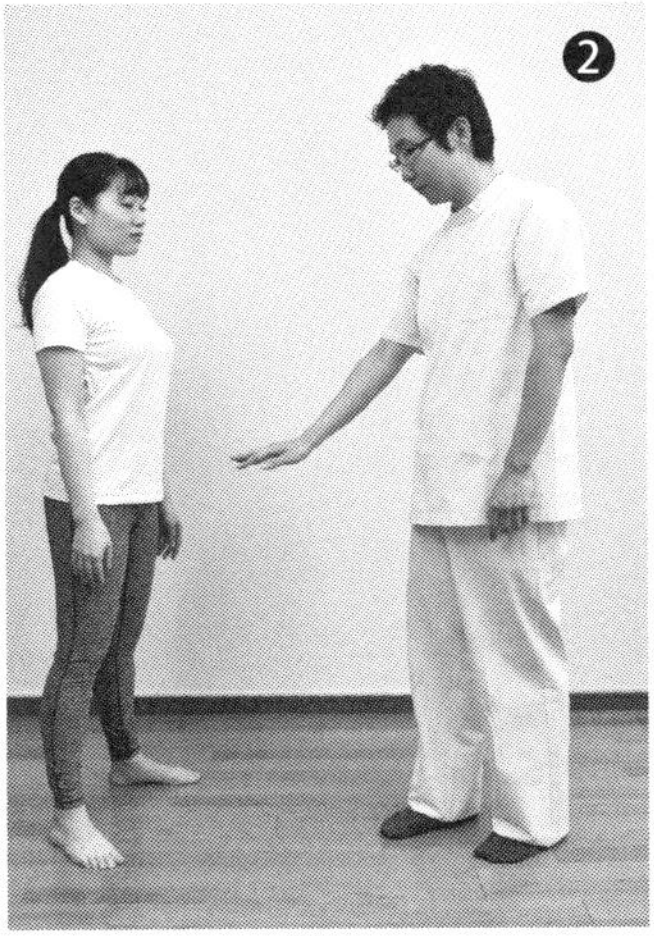

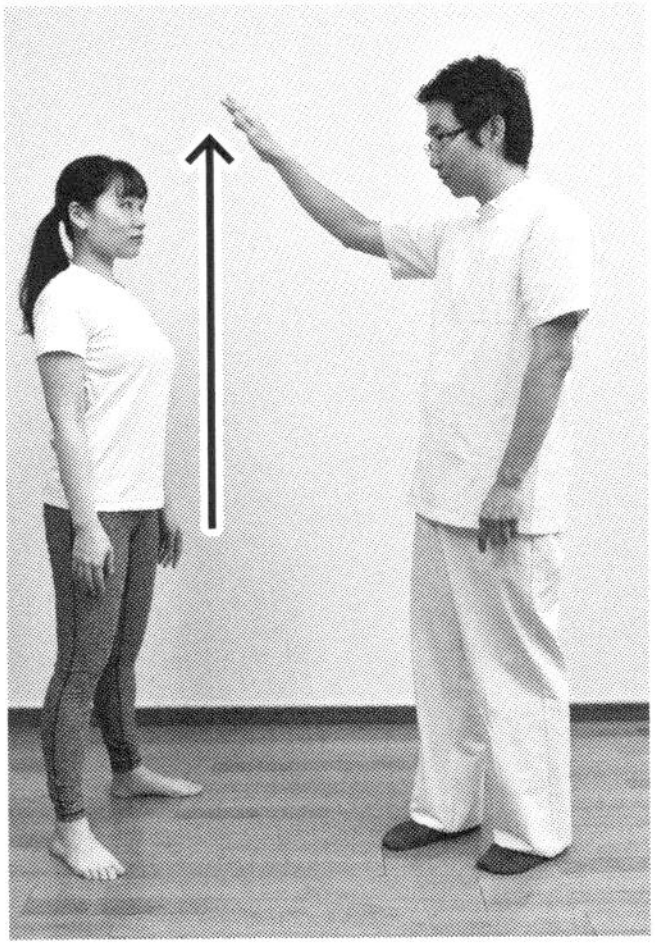

身体の前中心の表面から５センチほど離れた場所を、下から上に５回撫で上げる。これで任脈が整う。

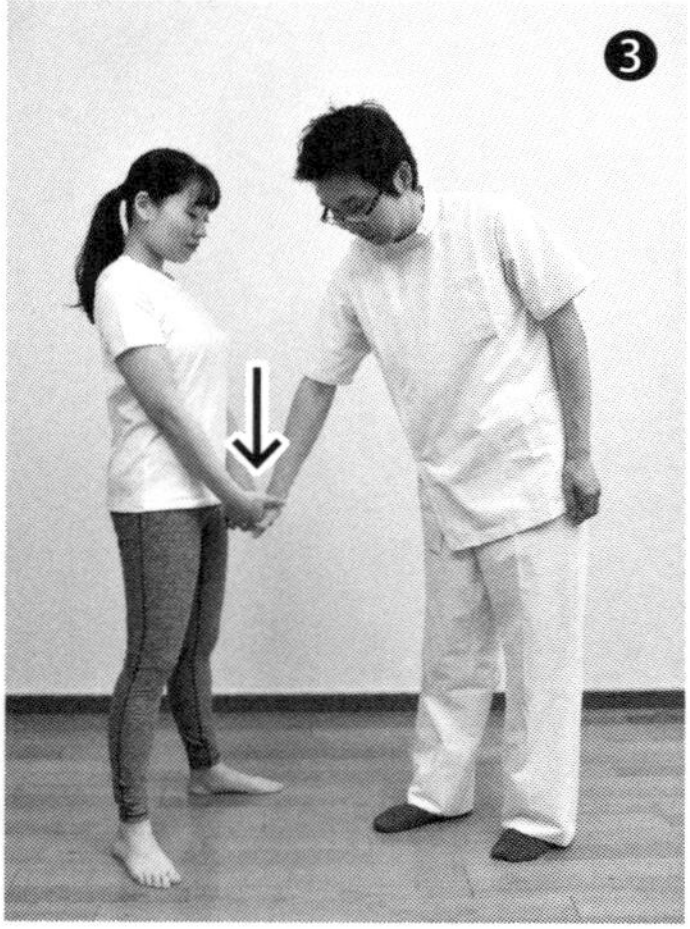

最初と同じように、クライアントは手を前で組んで、施術者が体重をかける。うまく整っていれば、先ほどよりグラつかずどっしり安定する（同じように、腰の後ろで手を組んでも行い、変化を確認する）。

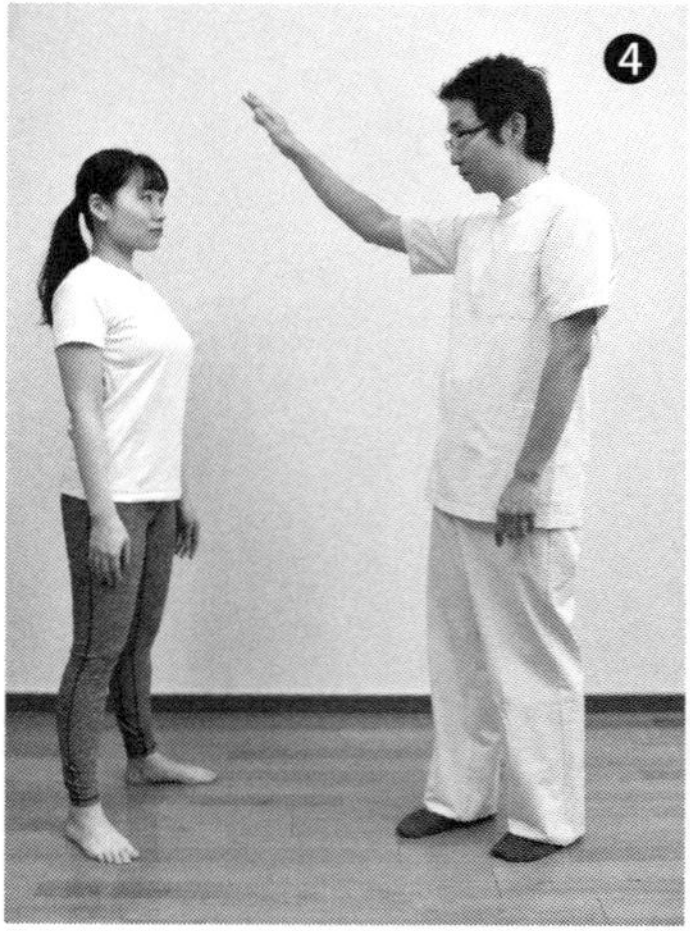

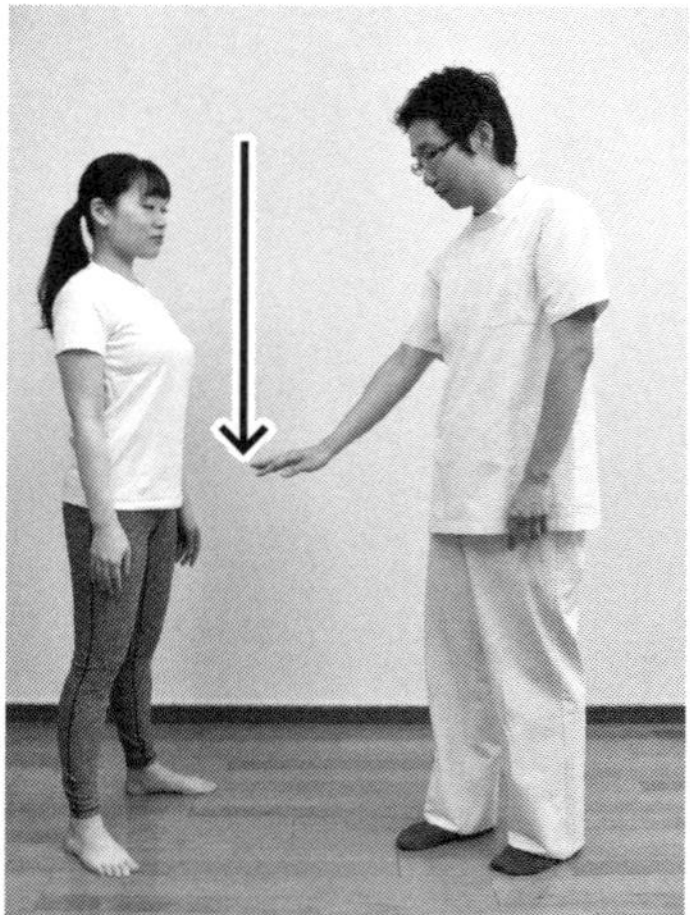

今度は、身体の前中心の表面から５センチほど離れた場所を上から下に５回撫で下ろす。任脈の流れに逆らった状態となる。

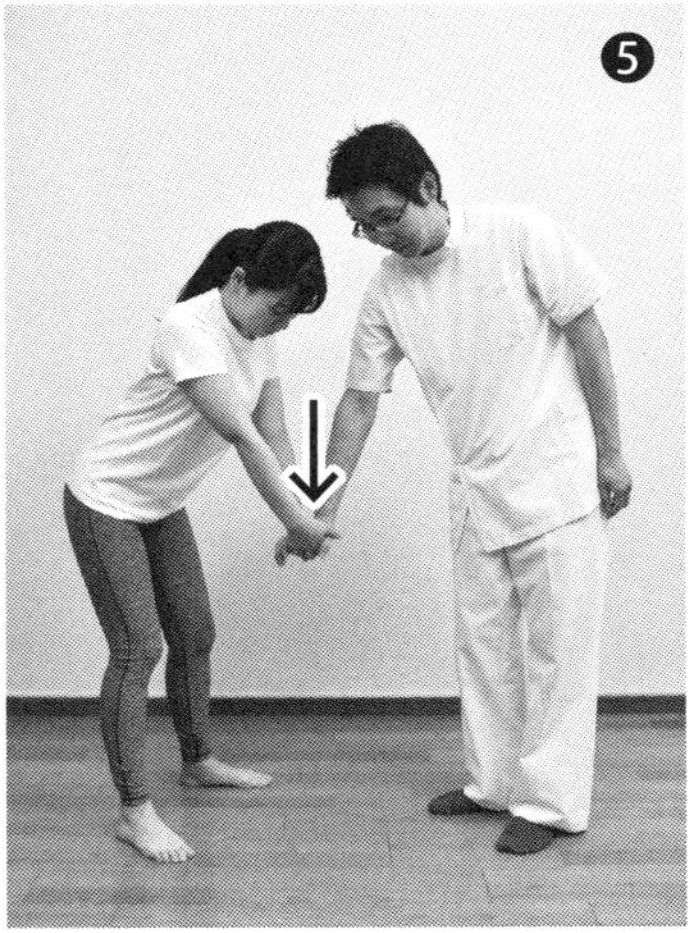

また変化を確認する。グラつきやすくなっていたら、任脈が乱れた証拠といえる。

エネルギーの詰まりが身体の不調に現れる

人の身体は、血液を循環させることで身体全体に栄養や酸素を運び、体温を保っています。もし血流が滞ったり枯渇したりすれば、その部分に栄養が行かなくなり、冷えや機能低下などの不調をきたしてしまいます。

エネルギーを血液のようなものだと考えてみましょう。運んでいるのは生命力です。もしエネルギーがどこかで滞ったり量が足りなくなれば、その部分の生命力が低下し、うまく働かなくなってしまいます。

例えば、経絡の中の腎経という経絡。腎臓の働き・リンパなどの体液の流れ・不安や恐怖といった感情に関わっている経絡です。足の内側〜膝の内側〜腿の内側〜下腹部〜へその横〜胸〜鎖骨というラインを描いています。

腎経が滞ると、むくみが出やすい、毒素を濾《こ》しとる腎の働きが鈍って身体がだるい、腎経のライン上にかゆみや痛みが生じる、不安で頭がいっぱいになる、などの症状が現れやすくなります。

また、食べすぎ飲みすぎ・働きすぎなどによって内臓・神経・筋肉が疲労し、機能低下してしまった場所では、エネルギーの滞りが起こります。その部分のエネルギーの詰まりを整えると、連動して身体の機能も整いやすくなるのです。

本章の冒頭で述べたように、自律神経の仕事は非常に多岐にわたります。自律神経を整えるためには、身体と心を全体的に眺める視野と、特定の筋肉や内臓だけではなく身体の様々な場所にアプローチする方法が必要になります。その手段として、四肢や体幹・神経・内臓の働き・感情までをカバーする経絡やチャクラを利用したエネルギー調整は、最適の方法といえます。

本章のまとめ

①自律神経は、自分で意識しなくても自動的に動いて生命活動を維持している、とても多忙な神経である。

②自律神経は、汗や動悸などを通じて精神状態を身体に伝えるため、ストレスの影響をとても受けやすい。身体に合わない食生活や生活習慣によっても乱れやすい。

③自律神経を整えるには、全身の内臓・神経・筋肉・骨などに加え、精神的なストレスまで包括的に見ていく必要がある。

④身体と心をカバーする施術としては、伝統医学で使われる経絡やチャクラなどを利用したエネルギー調整が有効である。

第2章

理論編

自律神経を整えるエネルギー調整とは？

症状ではなく
その原因に
アプローチするために

症状の出た場所に原因はない

症状の現れ方は、植物の生長によく似ています。まず、種がまかれます。そこに水や光、養分などが与えられることで、根が伸び、茎や葉が伸びて、花を咲かせます。花を症状とするならば、原因は種や根っこ。いくら花を切り取っても、原因である根っこがそのままで、症状を促す生活習慣という養分が与えられていれば、何度でも花は咲いてしまいます。

さらに困ったことに、ほとんどの場合、症状や痛みのある場所に原因はありません。めまいは目や耳だけの問題ではなく、心身の不具合の連鎖が耳や目に影響し、めまいという形で表面化したにすぎません。

長年続く慢性腰痛も、30年前に部活でケガをした足首のズレからきていることもあれば、疲労によって硬くなったり下垂した内臓が腰の筋肉を引っ張っていることが原因の場合もあります。その方がこれまで送ってきた生活の無理や疲労が蓄積された場所に、症状の原因があるのです。

同じお悩みであってもその原因は人によって違うとしたら、一体どのようにして目の前のクライアントを悩ませている原因を探っていけばいいのでしょうか。

東洋医学が結びつける、感情と人体

症状の原因を見つけるためには、身体と心の関わり合いを全体的に把握する必要があります。ここで頼りになるのが東洋医学です。エネルギー施術の柱である経絡も、東洋医学から生まれたものです。

東洋医学には、陰陽五行論という考え方があります。すべてのものを陰と陽、木・火・土・金・水といった要素に分類し、それぞれの関わり合いやバランス（サポートする関係の相生、抑え込む関係の相克）によって、人体・気候・食事・感情などを分析し対策をとっていくという見方です。この陰陽五行論によって、身体の部位や内臓、感情をまとめることができます。

陰は内側や下に向かうエネルギー、陽は外側や上に向かうエネルギーです。この二つが流動的にバランスをとることによって、ものごとが成り立っているという考え方です。陰は極まると陽に転じ、陽は極まると陰に転じます。

◆陰と陽の性質（身体の左右半身との関わり）

◎陰

要素……左・下・内・中心・入る・沈む・夜・秋冬・寒い・暗い・胸や腹・慢性・女

症状が左に集中する場合……周囲の女性や、家庭やプライベートの影響が大きい。女性であれば自分自身を表す場合も。

◎陽

要素……右・上・外・末端・出る・浮かぶ・昼・春夏・暑い・明るい・背中・急性・男

症状が右に集中する場合……周囲の男性や、社会や仕事の影響が大きい。男性であれば自分自身を表す場合も。

◇陰陽図（太極図）

陽
外側や上や右に向かうエネルギー。陽が極まると陰に転じる。
陰
内側や下や左に向かうエネルギー。陰が極まると陽に転じる。

身体も含め自然界のすべては、陰と陽が流動的にバランスをとって成り立っている。

また、五行とは、木・火・土・金・水という五つの要素からなり、それぞれが相互に関係性を持っています。

◆五行それぞれの性質（身体部位や症状との関わり）

◎木

象徴……木が伸びてゆく力や勢い。成長。発展。理想や夢をみること。想像力。
味……酸っぱい
内臓……肝臓・胆のう
部位……目・筋肉・爪・涙
感情……怒り・正義感・こうあらねばならない・責任・理想が高いもしくは低い
症状……胆石・胆のう炎・筋肉のコリ・お酒の飲みすぎ
他との関わり……相生↓水に育てられ、火を育てる。相克↓金に抑えられ、土を抑える。

◎火

象徴……燃え盛る火。温めもするし燃やし尽くしもする。情熱。エンジン。

味……苦い

内臓……心臓・小腸

部位……舌・血脈・顔色・汗

感情……喜び・嫉妬・憎しみ・快楽主義・熱しやすく冷めやすい

症状……高血圧や低血圧・多汗・心臓の不調・焦燥感やイライラ・パニック

他との関わり……相生↓木に育てられ、土を育てる。相克↓水に抑えられ、金を抑える。

◎土

象徴……土地。育み支える。腐らせる。持っているものを守ろうとする。経済。現実。

味……甘い

内臓……脾臓・胃

部位……口・唇・肌肉・涎

感情……思い悩む・損得勘定・依存・共感・ムラ意識・プライド

症状……胃の不調・逆流性食道炎・嚥下障害・甘い物がやめられない・依存症・唾液過

多・口が乾く

他との関わり……相生↓火に育てられ、金を育てる。相克↓木に抑えられ、水を抑える。

◎金

象徴……鎧や斧。守ること、断ち切ること。他者との適切な距離感。バリアと排泄。コミュニケーション。

味……辛い

内臓……肺・大腸

部位……鼻・皮膚・体毛・鼻水

感情……寂しい・悲しい・言いたいことを言えない・諦め・後悔・どうせわかってもらえない・人の言いなり

症状……アレルギー・アトピー・風邪をひきやすい・鼻炎・皮膚炎・リーキーガット・腸の不調・免疫の不調・のどや胸の詰まり・ぜんそく

他との関わり……相生↓土に育てられ、水を育てる。相克↓火に抑えられ、木を抑える。

◇五行図

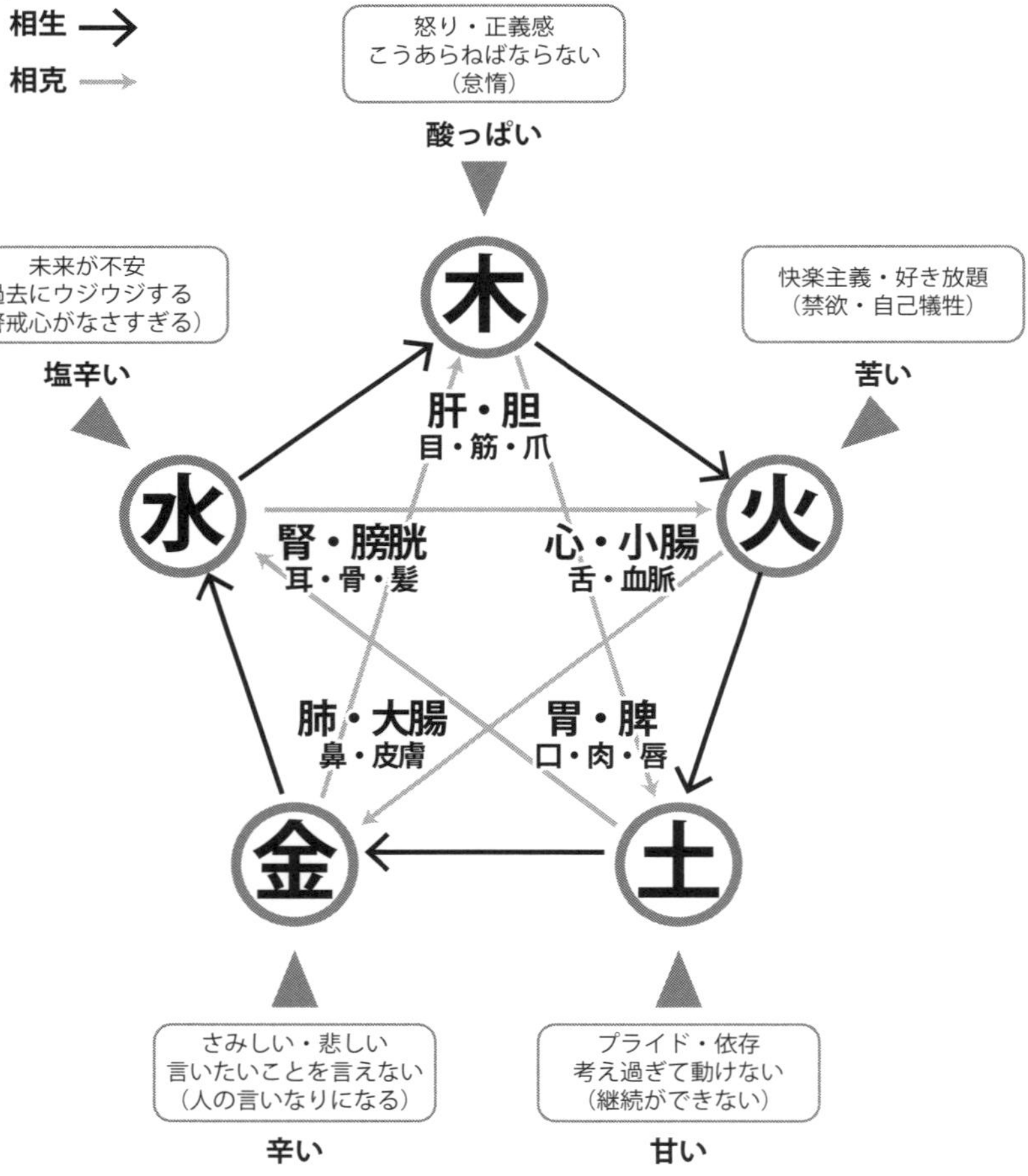

相生
相克
怒り・正義感
こうあらねばならない
（怠惰）
酸っぱい
木
肝・胆
目・筋・爪
快楽主義・好き放題
（禁欲・自己犠牲）
苦い
火
心・小腸
舌・血脈
未来が不安
過去にウジウジする
（警戒心がなさすぎる）
塩辛い
水
腎・膀胱
耳・骨・髪
肺・大腸
鼻・皮膚
金
胃・脾
口・肉・唇
土
さみしい・悲しい
言いたいことを言えない
（人の言いなりになる）
辛い
プライド・依存
考え過ぎて動けない
（継続ができない）
甘い

◎水

象徴……川や沼。流れれば清く、留まれば濁る。アンテナを張り巡らせる。感情全般。リンパ。
味……塩辛い
内臓……腎臓・膀胱
部位……耳・骨髄・髪・唾
感情……恐怖・不安・老いや病気や死への恐れ・神経質・心配
症状……不安神経症・めまい・耳鳴り・腎の不調・膀胱炎・白髪・生殖器の不調・唾液過多・甲状腺の不調・むくみ・生殖器の不調
他との関わり……相生↓金に育てられ、木を育てる。相克↓土に抑えられ、火を抑える。

◇五行の対応表

	木	火	土	金	水
五季（対応する季節）	春	夏	長夏 （梅雨・残暑）	秋	冬
五悪（苦手な外気）	風	熱	湿	燥	寒
五味（対応する味）	酸っぱい	苦い	甘い	辛い	塩辛い
五臓（対応する臓）	肝	心	脾	肺	腎臓
五腑（対応する腑）	胆	小腸	胃	大腸	膀胱
五官（症状が出る部位）	目	舌	口	鼻	耳
五主（つかさどる器官）	筋	血脈	肌肉	皮膚	骨・歯
五液（変化が出る体液）	涙	汗	涎	鼻水	唾
五華（変化が出る部位）	爪	顔面	唇	体毛	髪
五色（対応する色）	青	赤	黄	白	黒
五志（対応する感情）	怒	喜	思	憂	驚
五声（変化した時の声）	呼	笑	歌	哭	呻

例えば耳鳴りで悩んでいる人なら、「水」のライン上に原因がある可能性が高いといえます。以下のようなことを尋ねていくと、原因になっている生活習慣や考えグセ、エネルギーの詰まりが浮き彫りになってきます。

・神経質で、いつも周囲が自分をどう見ているか不安でいないか。
・頭の中で、不安やイヤなことを繰り返し再生していないか。
・過去に、膀胱炎や腎盂炎などになったことはないか。
・水分の摂りすぎや不足、塩分の摂りすぎや不足など、腎や膀胱に負担をかける生活をしていないか。
・相克関係にある胃や脾臓の働きが強すぎたり、相生関係にある肺や大腸の弱りはないか。

ある種の連想ゲームのようなものですから、最初はなかなか症状から臓器や感情を逆算しづらいかもしれません。その場合は、以下の手順で連想してみてください。

①まずクライアントの悩みを、前述の五行の「症状」の中に探します（例：のどの詰まりで悩んでいる→五行の「金」の症状に当てはまる）。
②当てはまる「症状」がある五行の「内臓」やその他の「症状」に既往歴はないかを尋ねます（例：「金」の内臓である肺や大腸、アトピーやアレルギー、ぜんそくなどを過去に患っていないか）。
③同じ五行の「感情」にあてはまるストレスを抱えてこなかったかを尋ねます（例：「金」の感情である、言いたいことを言えない、どうせわかってもらえないといった気持ちはなかったか）。

既往歴とストレスに当てはまるものがあれば、その部分が疲労したり弱っている証拠といえます。

詳しい症状と連想に関しては、第3章の「症状から、クライアントがしている『無理』を推理する」の項でご説明します。

チャクラや経絡を通じ、エネルギーで人体をサポートする

五行学説や関節の動きなどから原因が推察できたら、その部分に何らかのエネルギーの詰まりがあると考えられます。そこで、経絡やチャクラを使った「軽く触れるだけ」のエネルギー施術を行います。

経絡は五行で分類された内臓に関わるとされ、手足・体幹・首や頭などを縦横無尽に走っています。経絡に働きかけることで、関連する内臓や体内機能や感情、経絡の走行するライン上にある症状を整えることができます。

◆経絡それぞれの性質（身体部位や症状との関わり）

◎任脈

場所……身体の前中心
感情……過去を捨て前に進む
症状の出る性格・状態……過去にこだわる・我が強い
身体への現れ……脳脊髄液の滞り

◇関連する内臓や症状を整える、全身の経絡

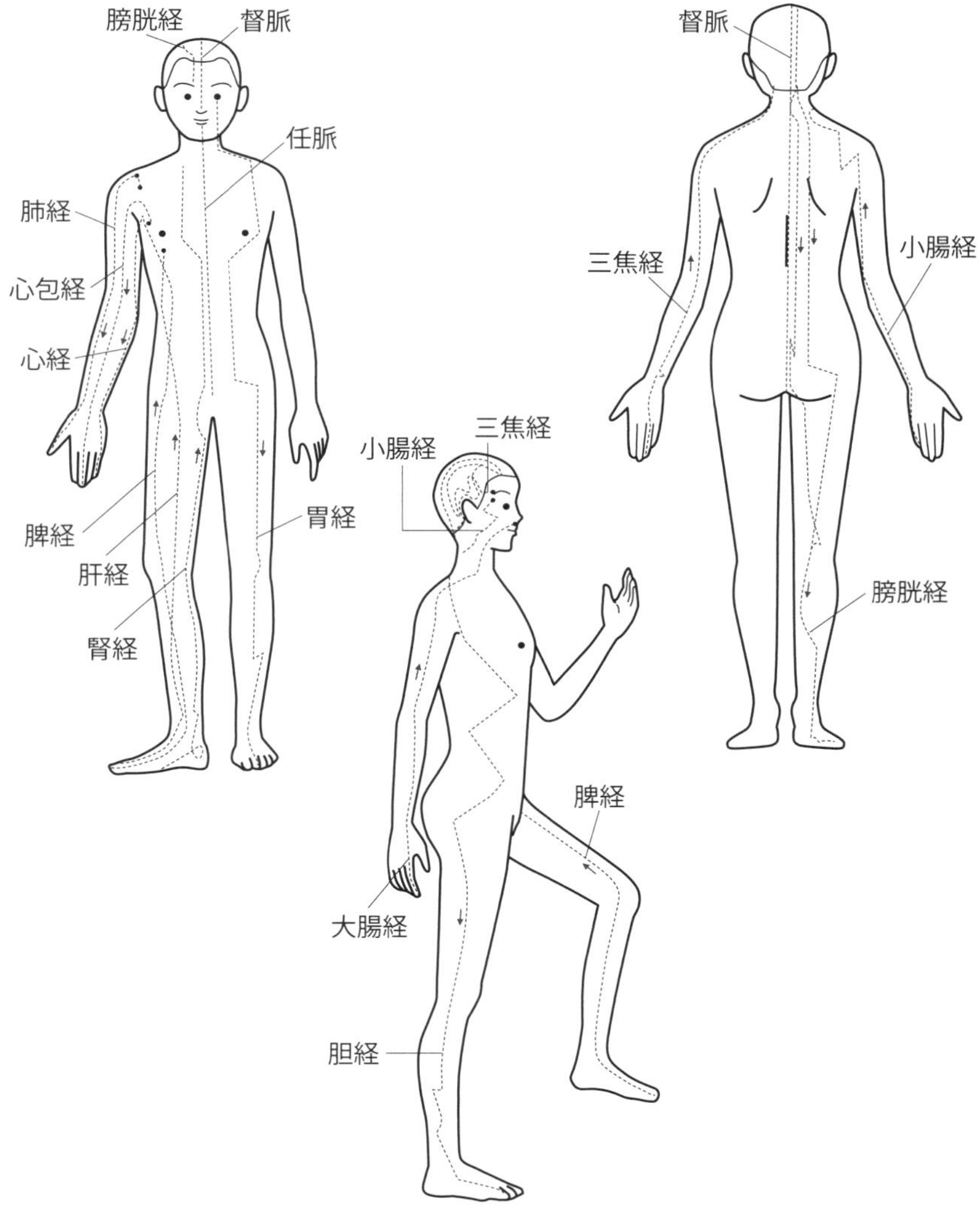

症状……脳疲労・脳の働きの低下

◎督脈

場所……身体の後ろ中心
感情……エネルギーの使い方
症状の出る性格・状態……神経質・一人で背負いすぎる・自分に自信がない
身体への現れ……背骨沿いの不調・神経伝達の阻害
症状……神経伝達全般の滞り・側彎・ヘルニア・狭窄症

◎肝経

五行……木
場所……足の甲〜足首の正面〜脛〜腿の内側〜鼠蹊部〜脇腹〜胸の下
感情……怒り・義憤・正義
症状の出る性格・状態……「こうあらねばならない」が強い・世間や他人への怒り・許せない
身体への現れ……肝臓の不調・筋肉の不調

症状……肝機能の低下・アルコール依存・身体のコリ

◎胆経

五行……木
場所……足の外側～脛の外側～太腿の外側～お尻の側面～脇腹～胸下～脇～首筋～耳の後ろ～頭の側面～目
感情……決断・勇気
症状の出る性格・状態……決断力がない・勇気が出ない
身体への現れ……胆のうの不調
症状……胆石・胆のう炎・消化不良

◎心経

五行……火
場所……手のひらの小指側～肘の内側～脇
感情……快楽・恋・嫉妬
症状の出る性格・状態……快楽主義・嫉妬しやすい・空回り・エンジンを過剰にふかさ

ないといけない
身体への現れ……心臓の不調・血管の不調・精神的な不調
症状……心臓の不調・高血圧・低血圧・貧血・血の気が多い

◎小腸経

五行……火
場所……手の小指側～肘～脇の後ろ～肩の後ろ～首の付け根
感情……良い悪いの判断
症状の出る性格・状態……清濁併せ呑みすぎる・潔癖すぎる
身体への現れ……小腸の不調
症状……逆流性食道炎・消化不良・下痢・栄養失調

◎心包経

場所……手のひら側の手首～肘の内側～脇～胸の外側
感情……心を守る反応
症状の出る性格・状態……自己防衛がすぎる・無防備すぎる

身体への現れ……心臓の不調・精神的な不調
症状……うつ・パニック・躁鬱・不安症

◎三焦経

場所……手の小指側～肘～肩～首～耳～目
感情……ストレスとリラックス
症状の出る性格・状態……問題から逃げる・被害者意識
身体への現れ……自律神経の不調・副腎の不調
症状……ストレス過敏・自律神経失調症・体温調整・汗

◎脾経

五行……土
場所……足の甲～太腿～鼠蹊部～お腹の横～胸～脇
感情……現実とプライド
症状の出る性格・状態……自分の実態と理想に差があり、自分そのままを受け入れられない

身体への現れ……脾臓の不調・膵臓の不調
症状……低血糖・血糖値が高い・倦怠感・栄養不良

◎胃経

五行……土
場所……足指〜足の甲〜脛〜太腿の正面〜下腹部〜へその横〜胸〜首〜顔
感情……人間関係・消化・甘え
症状の出る性格・状態……依存心が強い・消化しきれない量の情報や仕事
身体への現れ……胃の不調・口や唇の不調
症状……胃潰瘍・胃痛・唾液過多・口内炎

◎肺経

五行……金
場所……手のひらの親指側〜肘の内側〜二の腕の前側〜鎖骨下
感情……悲しみ・自己防衛・自己表現
症状の出る性格・状態……場の空気を読みすぎる・人を拒絶している・自己表現がヘタ

身体への現れ……肺の不調・気管や鼻の不調
症状……ぜんそく・風邪・副鼻腔炎・咳・鼻炎

◎大腸経

五行……金
場所……手の甲の親指側〜肘の外側〜二の腕の後ろ〜肩〜鎖骨の上〜鼻
感情……排泄・断ち切る・守る
症状の出る性格・状態……断ち切りたいけど断ち切れない・心の鎧・意見をうまく言えない
身体への現れ……大腸の不調・皮膚の不調・免疫の不調
症状……アレルギー・アトピー・自己免疫疾患・下痢・便秘

◎腎経

五行……水
場所……足の内側〜膝の内側〜腿の内側〜下腹部〜へその横〜胸〜鎖骨
感情……感情を流すか溜め込む・生命力・驚き・恐怖

症状の出る性格・状態……死や老いへの恐怖・過去にこだわり未来を見られない・頭の中が心配や考えごとで忙しい・神経質
身体への現れ……腎臓の不調・耳や平衡感覚の不調・骨格の不調
症状……メニエル・耳鳴り・むくみ・骨や歯がもろい・腎盂炎

◎膀胱経

五行……水
場所……足の外側~ふくらはぎ~腿の裏~お尻~腰~背中~首~頭
感情……過去を水に流す・生命力・こだわり
症状の出る性格・状態……感情を表現せず「自分が我慢すればいい」と思いがち・溜め込む
身体への現れ……腎臓の不調・耳や平衡感覚の不調・骨格の不調・生殖器の不調
症状……膀胱炎・尿道炎・残尿感・頻尿・月経不順・PMS

また、アーユルヴェーダ（インド伝統医学）やヨガにおいて人体の中枢とされるポイント「チャクラ」にも、それぞれ対応する内臓や体内機能、感情があります。

◆各チャクラごとの性質（身体部位や症状との関わり）

◎第１チャクラ

場所……尾てい骨（会陰）

色……赤

器官……腸、副腎、下肢

意味……行動力・家庭・生活の基盤・地に足がついているかどうか・自立

不調……自律神経症状・免疫系疾患・うつ・腸の不調

◎第２チャクラ

場所……下腹部（丹田）

色……オレンジ

器官……生殖器・泌尿器・骨盤

意味……自信・生命力・自己卑下や自尊心の過剰

不調……下痢や便秘・腰痛・生殖器の不調・泌尿器の不調

◎第3チャクラ

場所……みぞおち

色……黄色

器官……胃・膵臓・消化器・腰椎

意味……物事を消化する・受け入れる・我慢・こだわり・我の強さ・ストレスの消化

不調……胃の痛み・消化器の不調・摂食障害

◎第4チャクラ

場所……心臓（胸の中心）

色……緑色

器官……心臓・肺・胸腺・横隔膜・胸椎

意味……人間関係・ストレスの受け皿・自己愛・自己犠牲・自己否定・好き嫌い

不調・心臓の不調・肺の不調・ぜんそく

◇人体のエネルギースポットであるチャクラ

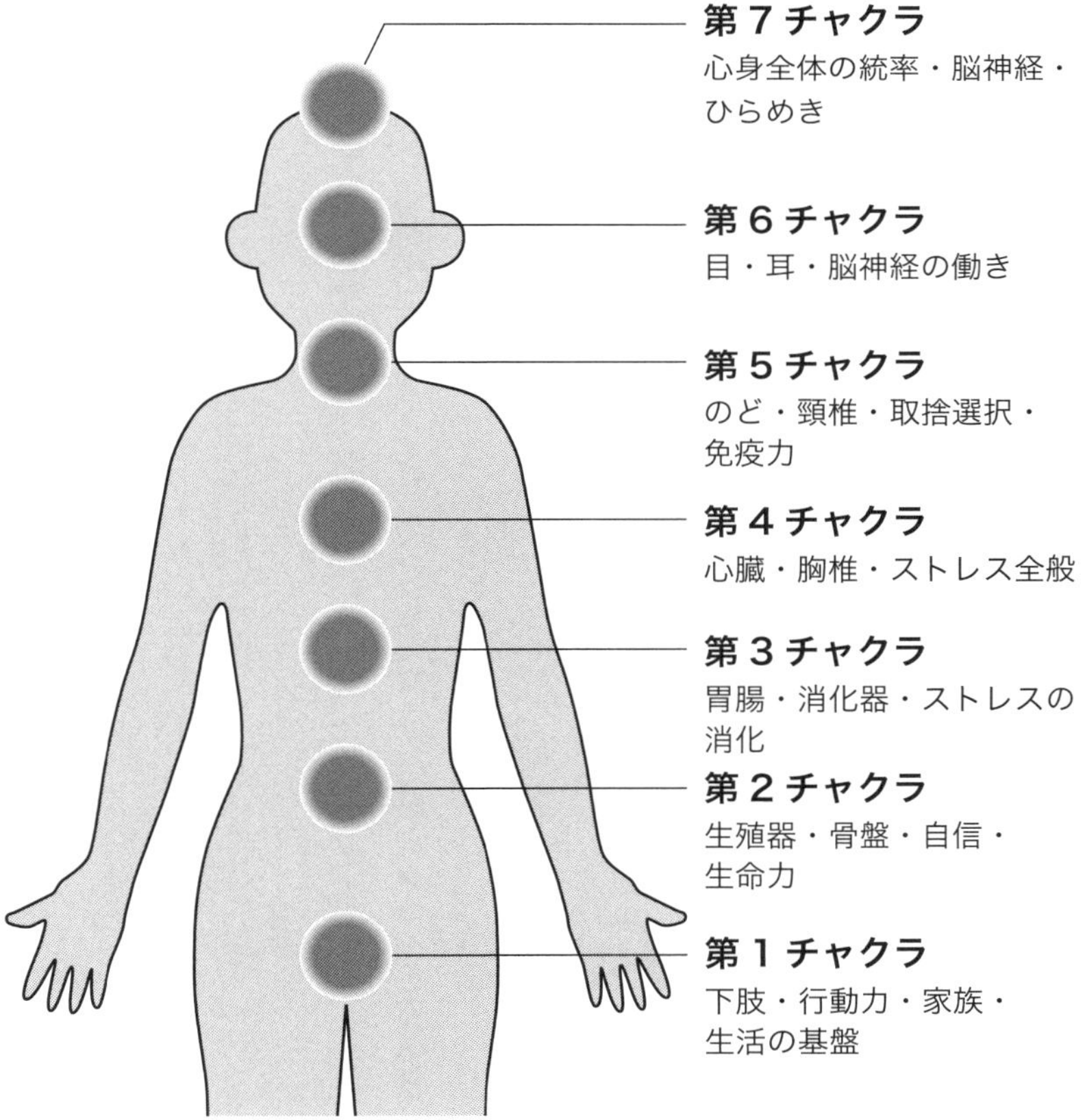

◎第5チャクラ

場所……咽喉

色……青

器官……気管支・甲状腺・頸椎

意味……言いたいことを言いすぎ、言えない・表現やコミュニケーション・取捨選択・免疫力

不調……嚥下障害・顎関節症・咳

◎第6チャクラ

場所……眉間と額の間

色……藍色

器官……下垂体・目・耳・感覚器官

意味……直感・自由・視野の広さや狭さ

不調……アレルギー・視覚や聴覚の不調・神経系の症状

◎第７チャクラ

場所……頭頂部
色……紫
器官……松果体・脳・神経・心身全体の統率
意味……自分や人を信じる、信じられない・人事を尽くして天命を待つ
不調……慢性疲労・うつ・パニック・頭痛

経絡と同じように、チャクラに働きかけることによって心身のエネルギーの詰まりを整えることができます。

例えば、のどや胸の詰まった感じで悩んでいる方がいるとします。のどに位置する第５チャクラは取捨選択のチャクラです。何を受け入れて何を受け入れないかを判断する場所ですが、ここに詰まりやつかえを感じるということは、何か受け入れられないこと（心無い言葉、強いられている環境、望んでいなかった出来事など）があるのではないかと推理できます。

胸に位置する第４チャクラは、ストレス全般の受け皿です。外からのストレスは第５チャ

クラによってカットされることも多いのですが、第5チャクラの働きが鈍ってしまったり、自分を責める気持ちが強い場合、胸の詰まりや息苦しさを感じやすくなります。

このようなストレスを抱えていないかを尋ね、該当することがあればその環境に的確に対処していく方法を一緒に考えます。

同時に、施術によってチャクラの働きを整え、より健やかな心身を取り戻せるようサポートしていきます。

頭蓋骨（クラニアル）は身体の縮図

経絡・チャクラと並び、身体全体を包括的に見る・アプローチするために有効なのが頭蓋骨（クラニアル）です。

頭蓋骨は二十八個の骨から形成されています。このパーツのほとんどは関節によって固定されているのではなく、パズルのようにピッタリと合わさっている状態（縫合）です。

健康な状態ですとカッチリ隙間なく組み合わさっている頭蓋骨ですが、疲労やストレスが蓄積されると微妙なゆがみが生じます。心身の疲労から頭蓋骨のゆがみが起こるということは、頭蓋骨の状態を整えることで心身を整えることもできるのです。

頭蓋骨の中でもポイントになってくるのは、以下の部位です。

◆頭蓋骨の各部位と心身との関わり

◎前頭骨

場所……額～頭頂

対応する部位など……脳の緊張、判断力、交感神経の働きすぎ

◎蝶形骨《ちょうけいこつ》

場所……こめかみと頬骨の間

対応する部位など……脳脊髄液の循環、神経全般の疲労や滞り

◇心身全体に関わる頭蓋骨（クラニアル）

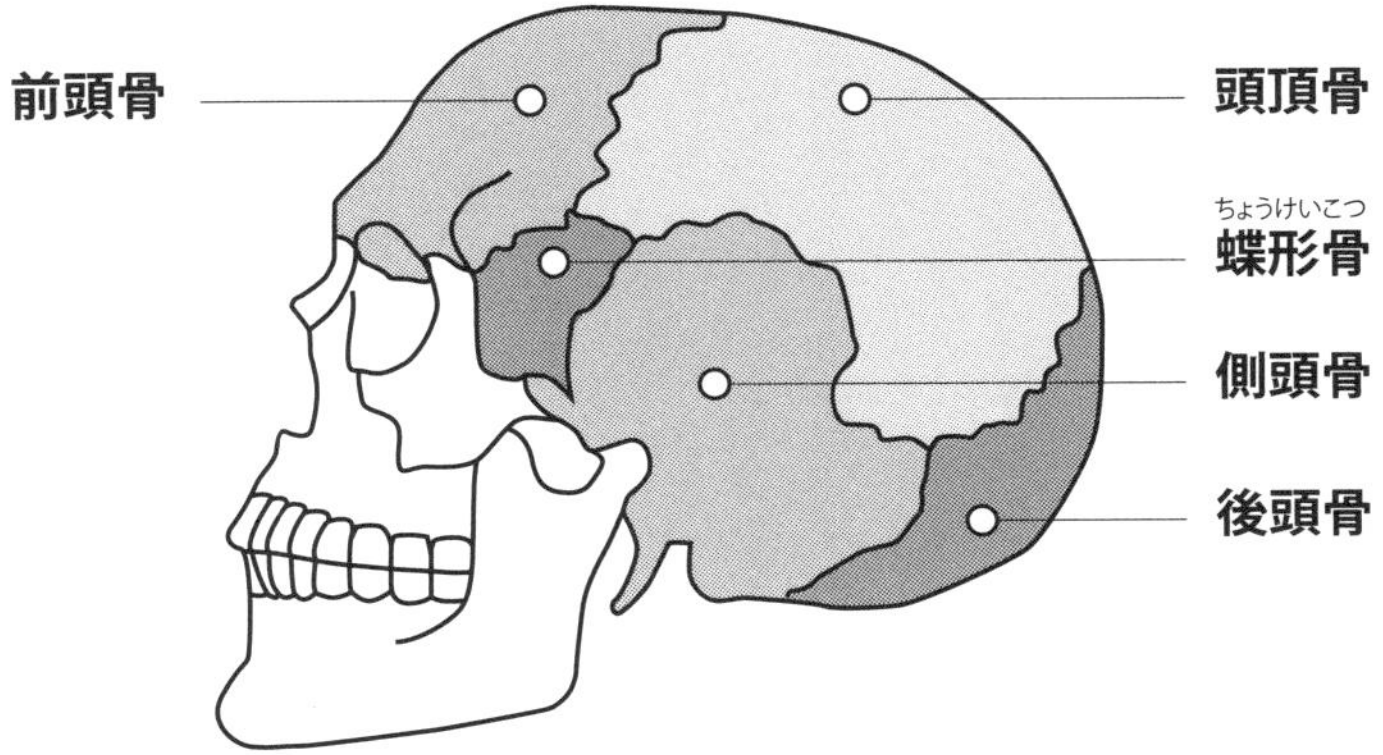

◎側頭骨

場所……左右の耳の後ろ

対応する部位など……消化器の状態、平衡感覚、めまい

◎頭頂骨

場所……頭のてっぺん

対応する部位など……身体全体の疲労、ストレス全般

◎後頭骨

場所……頭の後ろのでっぱり

対応する部位など……仙骨、骨盤、リラックス

身体を包括的に見ていく際、用いるのは五行学説・チャクラ・頭蓋骨だけではありません。第4章でご説明していくように、全身の関節の動きからもどの神経や内臓に疲労があるかを探していきます。こういった複数の視点で、心と身体をひっくるめて原因を見つけていきます。

本章のまとめ

①症状の原因は、症状のある場所ではなく、その人がこれまで送ってきた生活による無理や疲労が蓄積されてきた場所にある。

②すべてのものを陰と陽、木・火・土・金・水に分類する陰陽五行論によって、身体の部位・内臓・感情などをつなげて考えることができる。

③エネルギーの通り道である経絡やチャクラにも、対応する身体の部位・内臓・感情があり、経絡やチャクラにアプローチすることで心身を整えることができる。

④頭蓋骨は身体全体の縮図であり、不具合のある場所に対応するパーツを調整することで、心身を整えることができる。

第3章

理論編

自律神経を整えるエネルギー調整とは？

「なぜ、その症状は現れたか」を知るカウンセリング

症状を追いかけるのをやめよう

整体、鍼灸、柔道整復、マッサージ、どんな施術をしている方も、必ずクライアントに「どこがどのように痛いか、調子が悪いか」といった症状を尋ねますよね。そしてほとんどの場合、症状が軽減されたかどうかを指標として施術を行います。

実は、これは施術者が最も陥りやすく、最も危険な姿勢です。症状は火災報知器のようなものであり、症状の原因は火元にあります。いくら火災報知器のスイッチを切っても、火が消されなければ再び火災報知器は鳴り出します。

施術者が見なくてはならないのは、症状ではなく原因です。原因にアプローチしている間、ずっと順調に症状が軽くなっていくとは限りませんが、それでも火災報知器の音に惑わされず火元を消すことを第一に考えます。

人体には恒常性（ホメオスタシス）という、身体を常に一定の状態に保とうとする性質があります。本来は体温や体内気圧を一定に保つなどの働きをするものですが、長期間かけて作られた疲労やゆがみに対しても恒常性が発揮されます。

施術を始めて間もない頃は、クライアントの身体は「疲労している状態が当たり前」と思い込んでいますから、施術によって状態が変化しても恒常性の働きによって疲労した状態に戻そうとしていきます。恒常性に対抗するには、以下のような対策が必要です。

- **以前の状態に戻る前に、施術でさらに変化させる（通院間隔を狭める）。**
- **生活の中で身体にかかっていた負荷を減らす（生活習慣の改善）。**

この対策を続けていくうちに、身体の思い込みが「快適な状態が当たり前」と変化していきます。

たとえクライアントが痛みを追いかけ「まだ頭が痛い」と訴えたとしても、施術者は頭そのものではなく頭の痛みの原因を見つけ、その部分の調整を適切な間隔で行わなければなりません。

同時に「なぜ頭痛が出てしまうのか」をクライアントに伝え、頭の痛みではなく、頭痛の原因になる生活習慣を変えられるようにサポートすることも必要です。

「なぜ、その症状は現れたのか？」と問いかける

症状に惑わされず原因にたどり着くために必要なのは、「なぜ、この人はこの症状を出さなければならなかったのか？」と問いかけることです。症状には必ず原因があります。原因不明や偶然ということはありません。

よく「骨盤のゆがみが不調の原因」「自律神経の乱れが不調の原因」といったフレーズを見かけますが、その身体の不具合の前に、身体に不具合を起こすような出来事・生活習慣があったはずです。

根本原因であるクライアントの生活を見つめた上で、「この人の症状は、心身のどの部分の不具合からきているのだろう？」と問いかけ、そこではじめて身体への調整を行います。本来の体質や性質に合わない生活→身体の不具合→症状という流れを把握することで、症状の本当の原因にアプローチすることができるようになっていきます。

症状の原因は、クライアントの人生の中にある

不調にはその人がしてきた生活、特にどのような無理（その人本来の性質に合わない生活習慣や考えグセなど）をしてきたかが現れます。

例えば、以下のような具合です。

・考えても仕方のないことを考えすぎる人は、頭〜首を通る神経がたかぶりやすく、刺激に敏感になって頭痛を起こしやすい。
・神経質で、聞きたくないこと（周囲の言葉、頭の中で考えていること等）がある人は、小さな雑音にも敏感に反応してしまい、耳鳴りを起こしやすい。
・休まず動き続けようとする人や忙しすぎる人は、「これ以上動くと危険だから止めよう」という身体の防衛反応から、めまいを起こしやすい。
・ストレスから甘い物を食べてしまう人は、腸や膵臓などが疲労し、身体全体がだるくなりやすい。

症状は、「今のままだと心身の機能が立ち行かなくなるから改善してください」という身体からのサインです。施術者が力技で症状を抑え込もうとしても、クライアントの心身（頭でどう考えているかは別として）がその症状を出すことを必要とする限り、必ず再発します。

食生活やストレスなどによる負荷を吐き出すために出てくる症状の他にも、以下のような心理が潜んでいることもあります。

- **「この痛みがあれば、皆が私を心配して大事に扱ってくれる」**
- **「症状に悩まされていれば、家事や仕事が適当でも言い訳ができる」**
- **「頑張らないといけないのはわかってるけど、症状があれば少し休憩ができる」**
- **「症状に苦しむ姿を見せて、あの人に罪悪感を抱かせたい」**

頭では不調に本気で悩んでいても、深層心理で「治りたくない」と思っているクライアントは、決して少なくありません。

これまでの人生のどこかで、本来の性格ではない「こうあらねばならない」という思い込みや「他人は私にこうして欲しがっている」という処世術を頭が獲得してしまうと、悪気のないままに本来の性質からどんどん離れた生活を送るようになってしまいます。

すると、身体（潜在意識）は「今の生活は身体にとってつらい。本来の性質に合った生活をしてください」というサイン＝症状を出します。けれど頭は「この生活が良いって言われたから」「この生活をしなければいけないから」と思い込みありきで動いているため、身体のサインの意味がわかりません。身体の言い分を理解できないまま症状だけをつぶそうとしますが、身体からしてみれば「治ってしまったら、この人は生活を変えないままになってしまう」と判断され、抵抗します。このようなパターンで、症状がなかなか改善しないこともあります。

施術者がクライアントに向き合う際の姿勢は、相手が「症状で悩んでいる人」ではなく「本来の性質に合わない何事かによって不具合を起こし、症状が現れた人」と捉えることです。

症状から、その人がしている「無理」を推理する

症状には、その人がどのような無理（合わない生活習慣・ストレスなど）をしているかが現れます。その無理を見つけていく際に有効なのが、東洋医学の陰陽五行論です。

第2章で詳しくお話ししたように、東洋医学では内臓や身体の部位と感情に関わりがあるとされています。身体の働きや状態と、その人の言動や心の状態は、連動していると考えるのです。

無理というのは、元々の性質から離れすぎているという意味です。本人が「自分はこういう性格だから」と言っても、症状が出ているのなら何かしらの無理をしているということです。

また、人によって何をストレスと感じるかは違いますから、活発なAさんにとって何でもない人付き合いが、穏やかなBさんにとっては無理な負荷になることもあります。簡単に例を挙げてみましょう。

◆症状ごとの関係する身体部位と原因の例

◎アトピーやじんましん

・皮膚＝五行の金（肺・大腸・鼻・皮膚・悲しみ・寂しさ・諦め・後悔）

↓腸の調子を崩すような食生活（糖類・乳製品・食品添加物の摂りすぎ）を送っていないか？

↓皮膚は金の中でも、一番外側にある器官。他者と接触する場所でもある。触れ合い不足で寂しい想いをしていないか？　もしくは過干渉で拒絶したいことはないか？

◎めまい

・耳＝五行の水（腎・膀胱・耳・髪・恐怖・不安・神経質）

↓腎や膀胱に負荷をかけるような生活（利尿作用のある飲み物の摂りすぎ・水分の過剰や不足・塩分過多・ミネラル不足）をしていないか？

↓頭の中でグルグルと不安を追いかけ続けていないか？　実際の忙しさだけでなく、頭の中があれこれ考えすぎて忙しすぎないか？　神経質になりすぎていないか？

↓平衡感覚が狂う＝バランスがとれていない。活動と休息のバランス・仕事と私生活のバランス・本音と建て前のバランスなどはとれているか？　平気なふりをしていないか？

◎肩首や背中のコリ

・筋肉＝五行の木（肝・胆・目・筋肉・怒り・こうあらねばならない・正義感）

↓筋肉を硬くするような生活（糖類の摂りすぎ・過度な緊張を長期間強いられている・

家でくつろげない・パソコンやスマホの触りすぎ）を送っていないか？

↓筋肉＝思い通りに身体を動かす場所。自分の思い通りにならないことに悩んでいないか？　誰かや何かを思い通りにしようとしていないか？　他者や自分の「こうあらねばならない」という思い込みで自由を制限されていないか？

◎頭痛

・こめかみ、前頭部、後頭部、頭頂などを通る経絡は、任脈・督脈・胆経・三焦経・胃経・腎経。
↓消化の悪さ（胆経）・胃のむかつき（胃経）・むくみ（腎経）・ホルモンバランスの乱れ（三焦経）などに悩まされていないか？

↓頭痛＝悩み。考えても仕方のないことを考えすぎていないか？　解決しようのないことに頭を悩ませていないか？　神経を張り巡らせすぎていないか？

◎身体の右半分・左半分ばかりに症状が出る

・陰陽論では、右は男性や外、左は女性や内を表す。
↓右半分：夫・父・息子・祖父・兄弟・男性の上司や部下や同僚からのストレス、仕

事や社会的なストレス、男性ならば自分を責める気持ちが強い。
↓左半分：妻・母・娘・祖父・姉妹・女性の上司や部下や同僚からのストレス、家庭や私生活でのストレス、女性ならば自分を責める気持ちが強い。

症状から、その人が身体的・精神的にしている無理を見つければ、施術はもちろん、セルフケアにおいても解決策を立てやすくなります。

ただし、クライアントがしてきた無理や原因を探すのは、それをこれからどうやって変えていくか？の対策を立てるためです。

原因探しに没頭するあまり「中学生の時に親に言われたことが原因だ！」で思考が止まってしまうことは少なくありませんが、それでは解決になりません。もしかしたら、親のせいにすることで自分が人生の責任をとることから逃れているのかもしれないのです。

ストレスは逃げるほどに大きくなる性質があります。はじめは「面倒くさいな、さぼっちゃおう」という程度の小さな逃げだったことが、繰り返すことで大きな壁に感じられるようになっているのかもしれません。

例えば、昔の職場で陰湿な注意を受け続けたせいでめまいや耳鳴りに悩まされるようになった方なら、その時の緊張感と「いつ精神的攻撃を受けるかわからないから身構えておかなければ」という防衛反応が今なお続いていると考えられます。頭の中で過去のつらい出来事や、人からどう思われているかという不安などを、何百回とリピートしていることでしょう。

これはもはや、職場の人のせいではありません。頭の中で繰り返しイヤな思い出や未来の不安をリピートすることで心身をイジメ続けている自分のせいです。こういった方には、「そうか、自分で自分をいじめてしまっていたのか」と気づいてもらうと同時に、以下のような対策をいくつか考えてみて、実践できそうなものをチョイスしてみましょう。

- 頭の中でイヤなことを考え始めたら、手を叩く、ジャンプするなど、一瞬でいいので頭をリセットする。
- 脳は常にいつもと同じ不安回路を使おうとする。不安になったら「あ、また脳のやつがやってるよ～」と他人事のように眺める。
- 今は、イヤなことを考えないようにするのが自分の仕事だと決める。
- 飲んでいるお茶、食べているご飯、目の前の景色や匂いなど、今目の前にあることにのみ集中する。

・趣味や好きな映画や本などに没頭する時間を作る。
・家族や恋人、友人とあたたかく愛情を感じる時間を作る。
・ハグ、手をつなぐ、くすぐるなどのスキンシップで安心感を得る。
・不安を増加させる糖類を減らす。

効果的なカウンセリング（問診）のポイント

クライアントの生活の中にある原因を見つけるためには、カウンセリングで情報を集める必要があります。効果的なカウンセリングができるかできないかで、施術の効果はもちろん、セルフケアのアドバイス、施術者への信頼感も変わってきます。

私が実際にカウンセリングで尋ねているのは、以下の内容です。

◎今お悩みの症状

問診表に記入したものの他、身体全体のことを口頭でも尋ねます。高血圧・コレステロール・子宮筋腫・ガン・糖尿病・甲状腺異常など「わざわざ言う事じゃない」「今悩んでいる症状とは関係ない」と判断され、記入されていない場合も多いからです。

しかし体はすべてつながっています。頭痛の原因をたどっていくと他の持病に突き当たることもままあるのです。

◎いつから症状があるか、どんな時に症状がひどくなるか

症状の原因を探るヒントです。例えば1年前から不眠になったとしたら、1年前に何か生活の変化やストレスがかかる出来事がなかったか、1年前よりも以前から続いているストレスがなかったかを尋ねます。

◎過去にしたことのあるケガ・病気・体調不良

過去のケガや病気から、その人が持っているクセ（身体の弱りグセ・考えグセ・ストレスの種類など）が推測できます。

過去のケガや病気が治った後に残ったゆがみや疲労から、今の症状が生まれている場合もあります。

◎生まれてから今までの、大きくストレスのかかった時期と種類

結婚・出産・離婚・病気・家庭内不和・職場環境など、良くも悪くも生活の変化はストレスになりがちです。

ストレスはコツコツ詰め込まれていくもの（充填型）と突発的に起こるもの（引き金型）があり、症状の出るキッカケになる引き金型のほうには目が向きやすいのですが、それまでの生活で弾（積み重ねたストレスや合わない習慣）が充填されていなければ、引き金を引いても症状が現れることはありません。

症状への影響度としては、毎日少しずつ蓄積されていくもの（家族との不和、職場の人間関係、経済的不安など）のほうが大きいといえます。

◎食生活

主に、炎症をひどくする・内臓に負担をかける・精神的に不安定になるなど、身体に障りやすい以下の項目を尋ねます。

- **甘い物は好きか、どのくらいの頻度でどのくらいの量を食べるか。**
- **パンや麺類は好きか、どのくらいの頻度でどのくらいの量を食べるか。**

・牛乳やヨーグルトなどの乳製品は好きか、どのくらいの頻度でどのくらいの量を食べるか。
・お酒やタバコを嗜むか、どのぐらいの頻度と量か。
・お菓子や外食、出来合いのお惣菜などの食品添加物が入った食事をよくとるか。

こういった項目を尋ねていくことで、「どこにどのような負荷がかかっているか」「何が原因で身体に不具合が起こっているか」などを見つけ出すと同時に、施術者とクライアント両方が共通認識を持つことができます。

特に既往歴や過去〜現在のストレスに関しては、ご予約時に「何歳：○○、というふうにメモして持ってきてください」とお願いしています。

カウンセリングに臨む際、心得ておいたほうが良いことがあります。

一つ目は、クライアントの言葉に惑わされないことです。意識してウソをついているわけではありませんが、クライアントは無意識に「自分の判断で必要だと思うこと」「こうに違いないと思い込んでいること」を話します。

しかし、例えば口では「夫とはうまくいっています」と言う女性が、結婚して以来身体の右側に痛みやしびれが出ているとしたら、おそらく旦那さんとの関係の中で多大なストレスを抱えていることでしょう。

本人の自覚がなければないほど、行き場をなくしたストレスは身体にサインを出し続けるため、症状は大きくなります。頭や口よりも身体のほうが正確に答えてくれることは多いのです。クライアントが悩んでいる症状と本人の主張を照らし合わせることで、より深く原因を探ることができます。

二つ目は、常に笑顔でユーモアを交えながらカウンセリングを行うことです。症状の原因を探っていくカウンセリングは、クライアントの言うことを鵜呑みにせず、ウソを見抜くつもりで徹底的に客観視する必要があります。

しかし怖い顔をしてウソを責め立てられれば、誰でも緊張するか怒るかになって余計に体調が悪くなってしまいます。初めてお話しする方は、多かれ少なかれ緊張し不安になっているものです。施術する側も、初めてのクライアントさん相手には緊張することもあるでしょう。だからこそ、ニッコリ笑ってユーモアを交えながらお話ししましょう。

「どうやったらこの人はリラックスしてくれるだろう」「どうやったら、この人と打ち解けていけるだろう」。そんな姿勢で臨んでいると、クライアントにもおのずと気持ちが伝わります。自分のことを笑わせようとしたり憎からず思う人に対して、人はついつい心を開くもの。施術者のキャラクターを損なわない、無理のない範囲で、以下のようなことも取り入れてみてください。

・喜怒哀楽・驚き・同情などのリアクションを少し大げさにして、愉快な感じを演出する。
・アクセサリーやバッグなどの持ち物を褒めてみる。
・頑なな人には、症状が出るほど耐えてきた今までの苦労と努力を讃える。
・威厳を失わない程度に、自分の失敗談を話してみる。

本章のまとめ

①症状のある場所に原因はない。痛みや症状を追いかけるのではなく、原因のある場所を把握して整えることに集中する。

②症状の原因は、クライアントがこれまでに送ってきた生活の中にある。これまでの人生の中でどのような無理を積み重ねてきたのかを洗い出すのがカウンセリングの目的。

③東洋医学的な見方を使うと、表面に現れている症状からクライアントがどのような無理をしてきたかを予測できる。

④カウンセリングで尋ねるのは、今の悩み、既往歴、ストレス、食生活や生活習慣など。ユーモアを交えながら、お互いがリラックスできるようにクライアントと向き合う。

第4章

実践編

エネルギー調整をやってみよう

関節可動域には心身のすべてが現れる

可動域検査こそが施術の効果を左右する

私たちが行っている整体では、検査8割・施術2割と言えるほど検査に重きを置いています。どんなに効果的な施術であっても、狙うべき原因があやふやであったりズレていれば、あやふやでズレた結果しか出せません。

症状の原因をできうる限り絞り込んでいくこと、検査をどのくらいきっちり行うかが、施術の効果を大きく左右するのです。

まず第1の検査は、第3章でご説明したカウンセリングによる生活の中の原因探しです。症状から東洋医学を介して、原因になっている生活習慣やストレスを逆算して見つけていきます。

ここで見つけた生活習慣やストレス、理論上はどこの経絡やチャクラが滞っていると考えられるか、といった部分は施術に大いに役立ちます。しかし、検査はこれで終わりではありません。

第2の検査は、身体の動きを介して、実際は心身のどの部分が疲労しているのかを見つけていく可動域検査です。首・肩・肘・手首・骨盤・股関節・膝・足首といった全身の関節には、筋肉や骨格の状態はもちろん、その周囲にある神経・内臓・経絡・チャクラなどの状態が反映されます。

例えば、腸や膵臓が疲労している人は、左股関節の動きが悪くなります。左の股関節が動きづらくなると、連動して動いている左膝や左足首にもズレや痛みが出やすくなります。もしこの人が「左膝が痛い」と訴えたのを額面通りに受け取り、左膝の周りだけを施術しても効果は出にくいでしょう。狙うべき原因は消化器官の疲労だからです。

大腸経や小腸経といった経絡の施術と胃腸に負担をかける食生活の改善、消化しきれないストレスの整理などによって、心身を整えていくことになります。

また、同じように左膝に痛みが出ているけれど、原因が20年前の足首の捻挫にあったという方もいます。同じ症状であっても、その原因は人によって違います。症状そのものに惑わされず、カウンセリングという理論、可動域検査という実際の状況、複数の方角から原因を見据えていくことで、一人一人の抱えている悩みを解きほぐしていきます。

可動域検査で施術者とクライアントの共通認識を作る

可動域検査のもう一つの重要性は、施術者とクライアントが共通認識を持てるということです。

痛みを指標に施術を行うと、クライアントの主観によって改善できた・できていないをはかることになります。施術者がどんなに手ごたえを感じる施術、実際に効果のある施術をしても、クライアントが「まだここが痛いです」と訴えれば、その施術は効果がなかったものとみなされてしまいます。

これはクライアントが悪いわけではありません。痛みというものは実際の身体の状態に関わらず、意識すれば強く感じられる、意識しなければ弱く感じられるといった特性があるため、客観的な改善の指標に向いていないのです。

可動域を指標とする際は、施術前・施術後に同じ動きの検査を行います。

「施術前は肩の高さまでしか上がらなかった腕が、施術の後には耳につくくらい上がるようになった」

「回す時に引っかかりを感じていた股関節が、なめらかに動くようになった」

「首を少し前に傾けるだけで痛みを感じたが、顎が鎖骨につくくらい倒さないと痛みを感じない」

こういった変化は、施術者にもクライアントにもハッキリと認識ができます。「ここまでしか動かない」「こんなに動くようになった」「右は動くようになったが左は動きが悪い」という変化を共有できるため、クライアントの主観的な訴えだけに頼って振り回されたり、逆に施術者の説明にクライアントが納得できないといった認識のズレを防ぐことができるのです。

可動域が変わると、なぜ症状が変化するのか？

可動域には、その周囲にある神経や内臓、経絡などの状態が反映されています。

施術を行うと、まず調整した部分の血行が活発になります。血行が良くなると周囲の筋肉も温まり、動きが力強くやわらかくなります。また、血の巡りが良くなれば、その部分の老廃物が回収されると同時に栄養が運ばれ、回復力がしっかりと働くようになっていきます。

施術の前よりも後のほうが関節の動きが良くなっているとしたら、それはその関節に関連する筋肉・神経・内臓・経絡などの回復が進んでいるという証拠です。そこからさらに「状態が変わってきたよ」という伝達が脳に届くと「そんなに状態が整ってきたなら、もう痛みや症状というサインを出す必要はないね」と判断し、痛みや症状が変化していきます。

動きが変化してから症状が変化するまでにタイムラグのある方・ない方がいらっしゃいます。しかし、個人差はあるにせよ、可動域が変化していれば症状は徐々に変化していきます。この、動きが変わる↓身体が変わる↓痛みや症状が変わる、という流れをクライアントに説明しておくと、より納得してもらいやすくなります。

それでは、実際の可動域検査に入っていきましょう。

可動域の基礎知識

関節の動き（可動域）を見る際には、関節の健全な動きを基準として、どのくらい動きが制限されているか、あるいは動きすぎるかをチェックしていきます。

身体の動きは、三つの面と三つの軸によって作られます。

◎三つの面

・矢状面……身体の前から後ろを通る面。身体を左右に分割する。
・前額面……地面に対して垂直な面。身体を前後に分割する。
・水平面……地面に対して水平な面。身体を上下に分割する。

◇身体を分ける三つの面

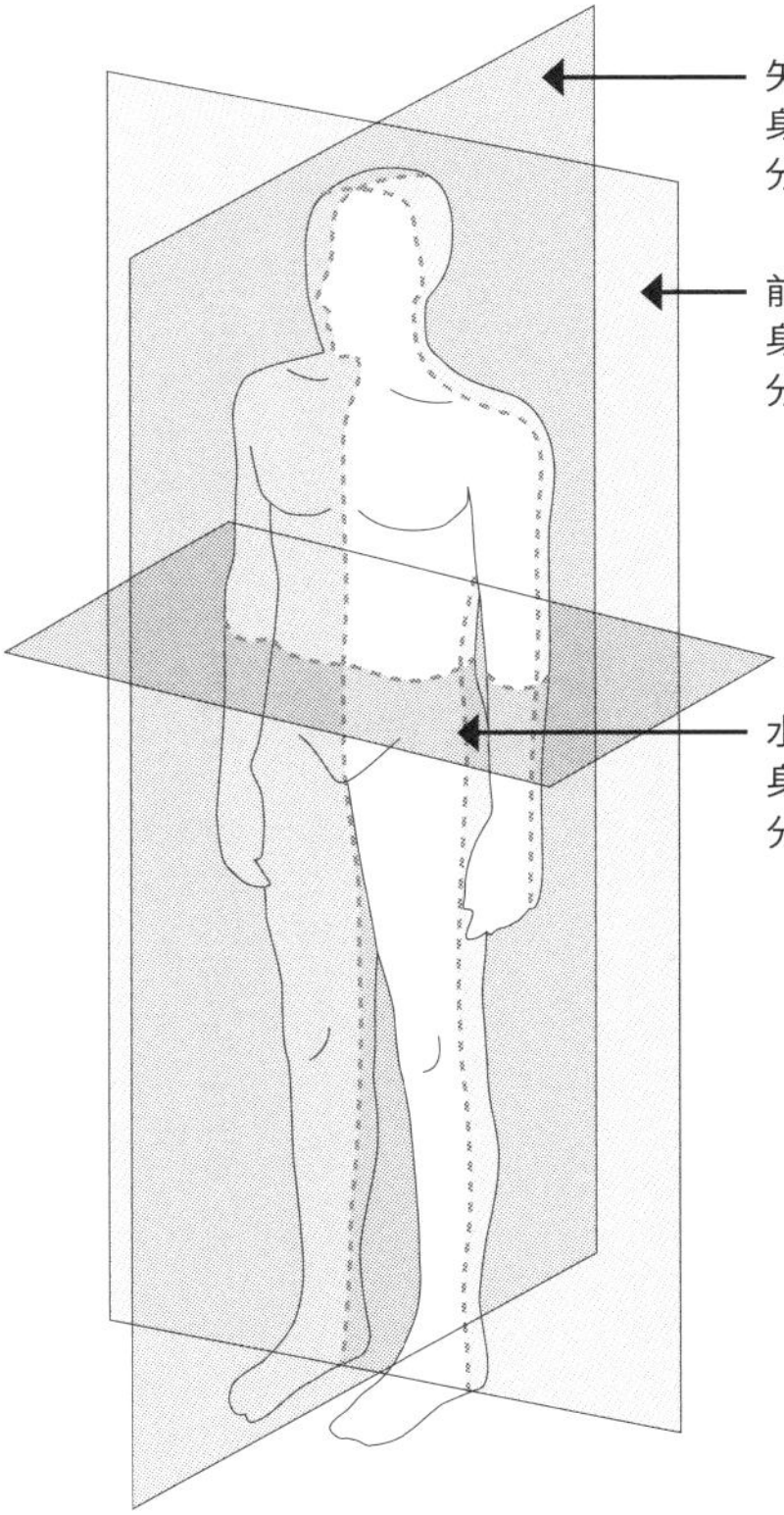

◎三つの軸

・矢状〜水平軸……前後の動きの中心になる軸。動きは前額面にあたる。
・前額〜水平軸……左右の動きの中心になる軸。動きは矢状面にあたる。
・垂直軸……縦の動きの中心になる軸。動きは水平面にあたる。

◇身体の動きを分ける三つの軸

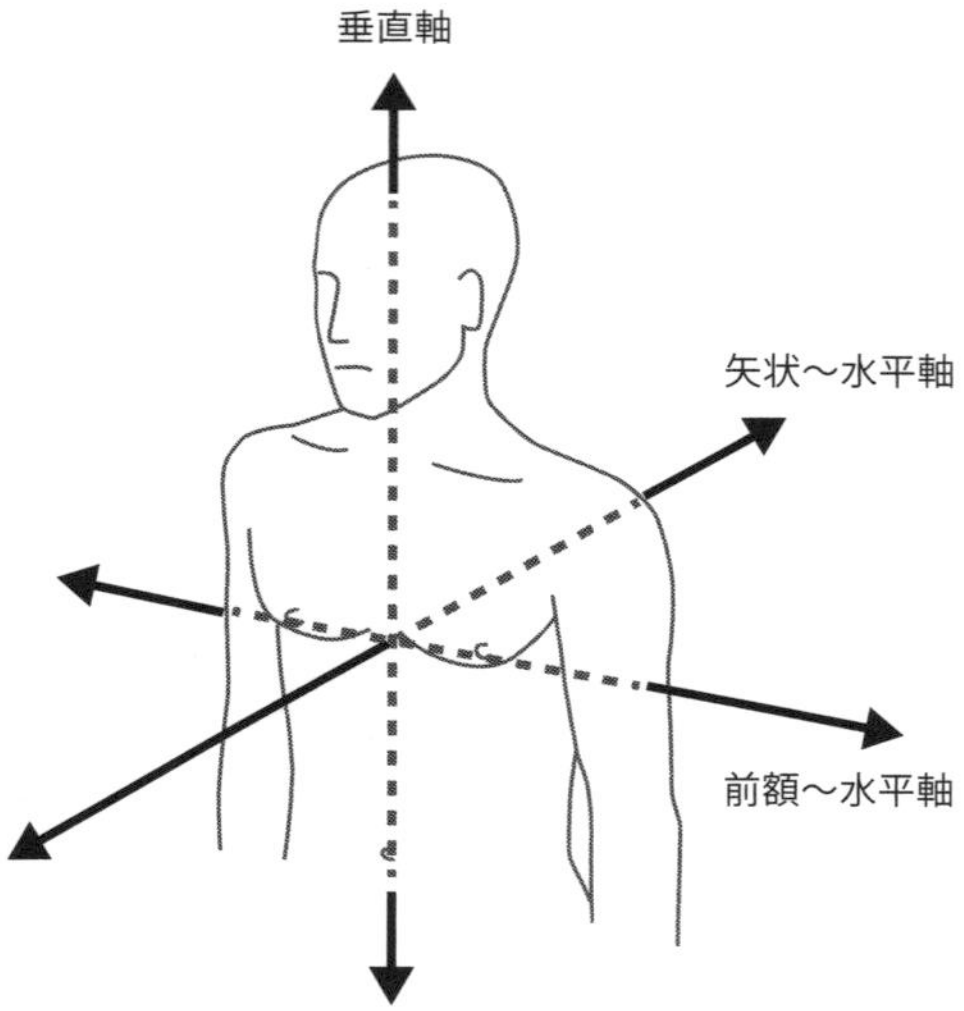

この三つの面と三つの軸によって、関節の動きが以下に分類されます。

- 外転、内転……矢状～水平軸の動き。
（例：股関節の外回しと内回し。肩の外回しと内回し）
- 屈曲、伸展……前額～水平軸の動き。
（例：膝の曲げ伸ばし。首の前屈や後屈）
- 外旋、内旋……垂直軸の動き。
（例：首を左右に回す。肘を内側外側にひねる）

こういった動きの中から、身体全体の状態を検査するのに効果的な部分をピックアップします。

立位での可動域検査

まずは立位での可動域検査です。身体全体のバランスを把握する検査となります。施術の前後に行ってください。

①前屈

足を肩幅に開き、前屈をした時の柔軟性を見ていきます。

- どこまで曲がるか。
- 太腿・ふくらはぎにつっぱり感や痛みが出るか。
- 腰・お尻にしびれ・痛みが出ないか。

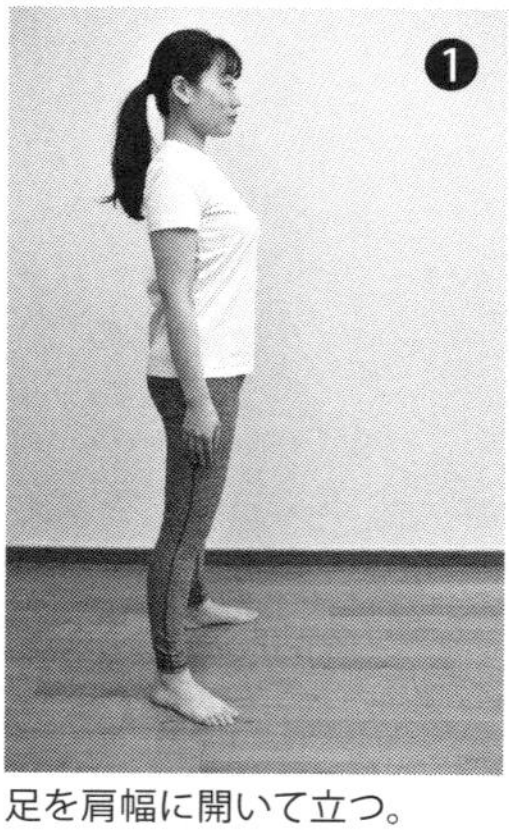

足を肩幅に開いて立つ。

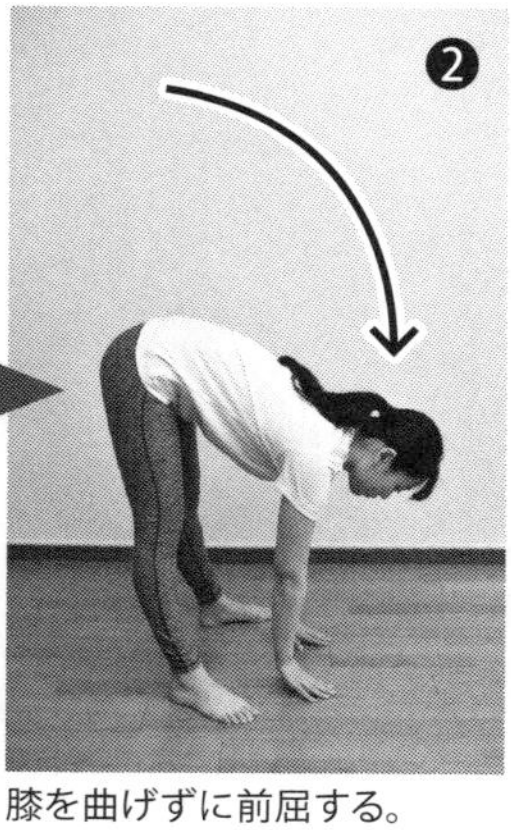

膝を曲げずに前屈する。

太腿・ふくらはぎにつっぱり感がある例。

②後屈

ここでも、身体の柔軟性を確認します。

・まっすぐ後ろに反れるか（左右に捻じれた状態で反っていないか）。

・背中がきちんとしなっているか（背中が真っ直ぐになったまま反っていないか）。

反れない部分により、ある程度の不具合箇所がわかります。この後で説明する背中の検査でもお話ししますが、次の箇所に不具合があると考えられます。

・背中（上部）……呼吸器
・背中（中部）……消化器
・腰……泌尿器

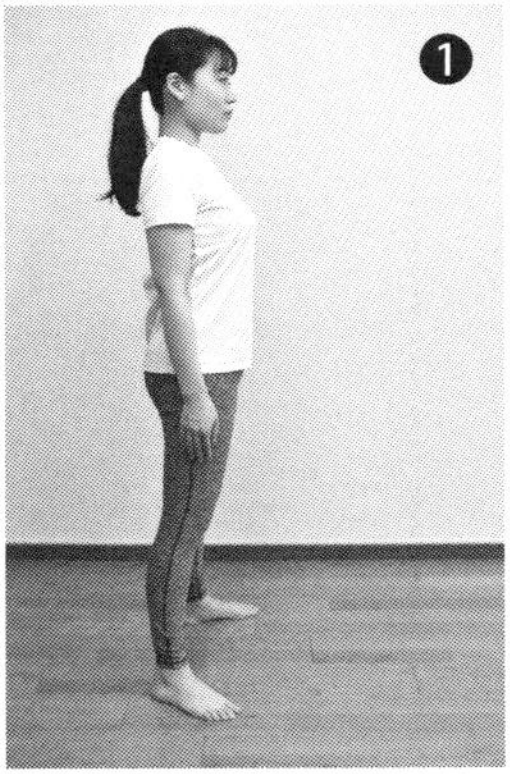

脚を肩幅に開いて立つ。

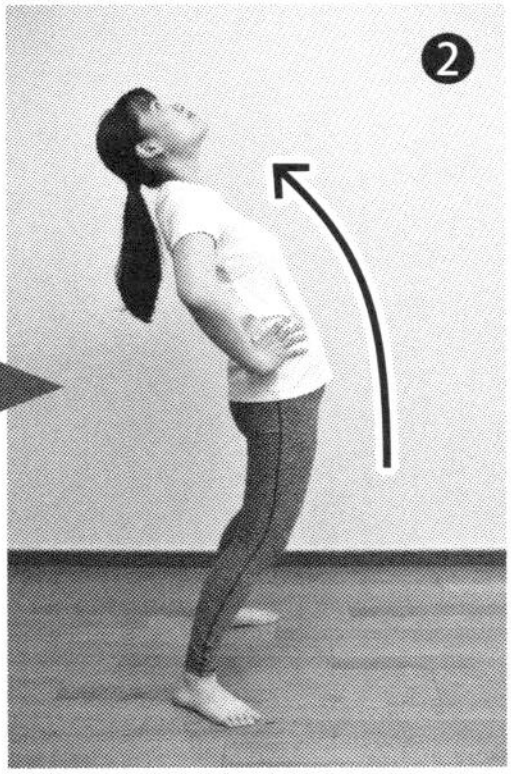

背中を柔らかくして後屈する。

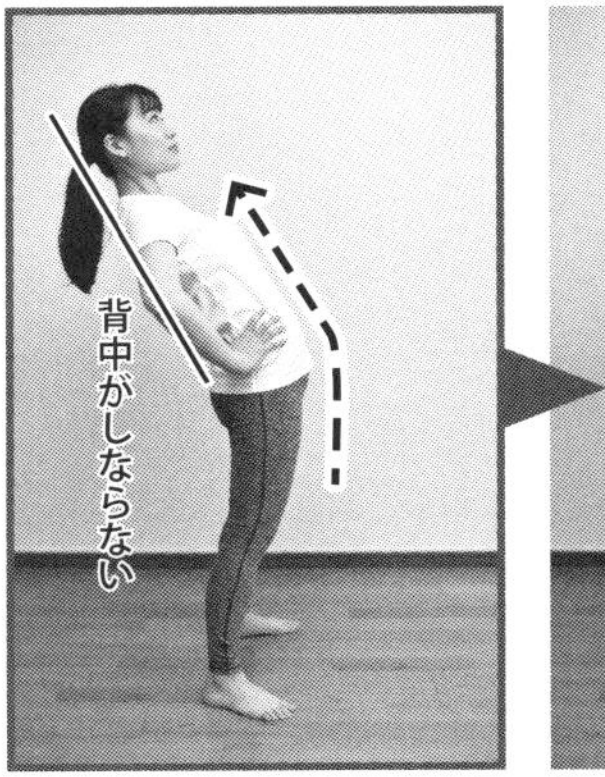

背中が真っ直ぐのままで、しならない例。

③回旋

ここでは、特に身体の軸の状態を見ていきます。足を肩幅に開き、手を前で組んで肘は伸ばしたまま、左右に身体をねじります。

- **左右が同じくらい回るか。**
- **後ろまで回るか。**

両手を組んで前に伸ばす。

右に大きく回旋したところ。

後ろのほうまで回旋できない例。

④横から押す

ここでは、神経の反応を見ていきます。足を肩幅に開いて立った状態で、左から押し、その後、右から押します。同じように、右から押した後に左から押します。

・左から押された後の右から、または右から押された後の左からの力に反応できず、身体がグラつくか。

グラつくということは、左からの力に備えた後、瞬時に右からの力に耐えるよう反応を切り替えられない。つまり、自律神経をはじめとした神経の調子が落ちている証拠です。

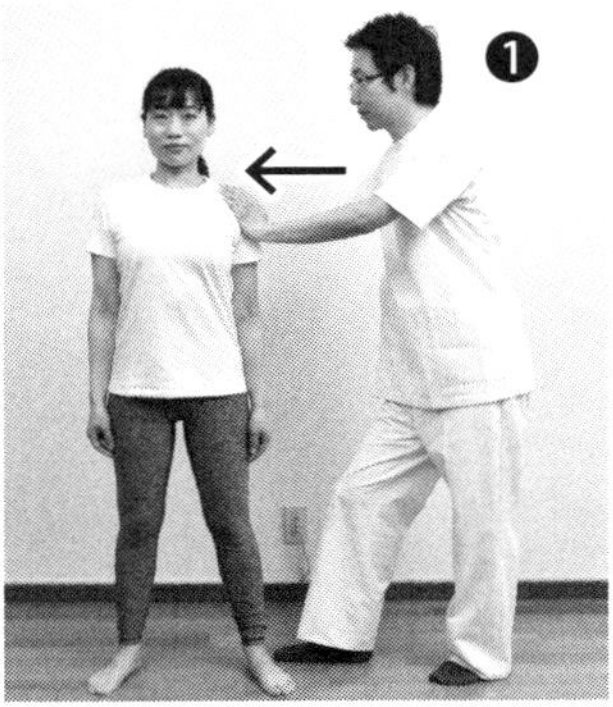

まず、左から押されるのに耐える。

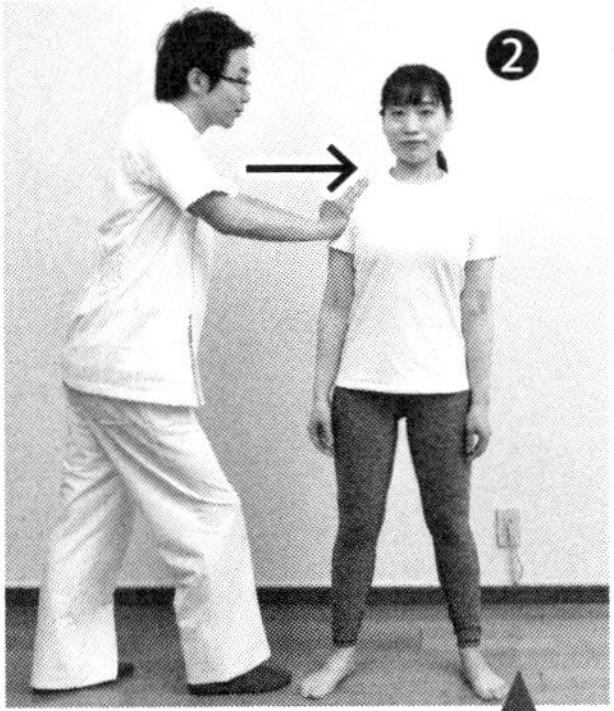

すぐに右から押されても耐える。

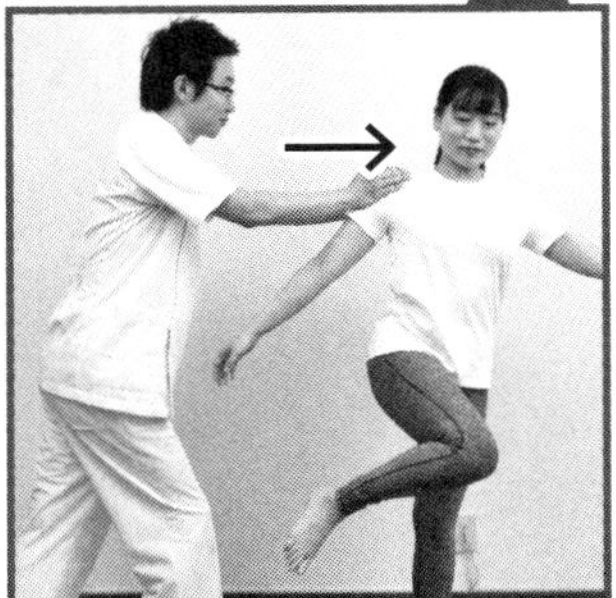

反対方向からの力にすぐ対応できない例。

座位での可動域検査

座位では、首や姿勢の状態を確認していきます。立位同様、身体全体のバランスの確認です。施術の前後に行ってください。

①首の可動域検査

首には脳からの指令を体全体へ伝える神経が通っています。ストレス・疲労などが積み重なると、首の付け根付近が硬くなります。すると、神経の伝達が悪くなり、体全体のバランスが崩れ、各種症状が出やすくなります。

- ・前屈
- ・後屈（猫背だと首が後ろに倒れにくい）
- ・側屈
- ・回旋

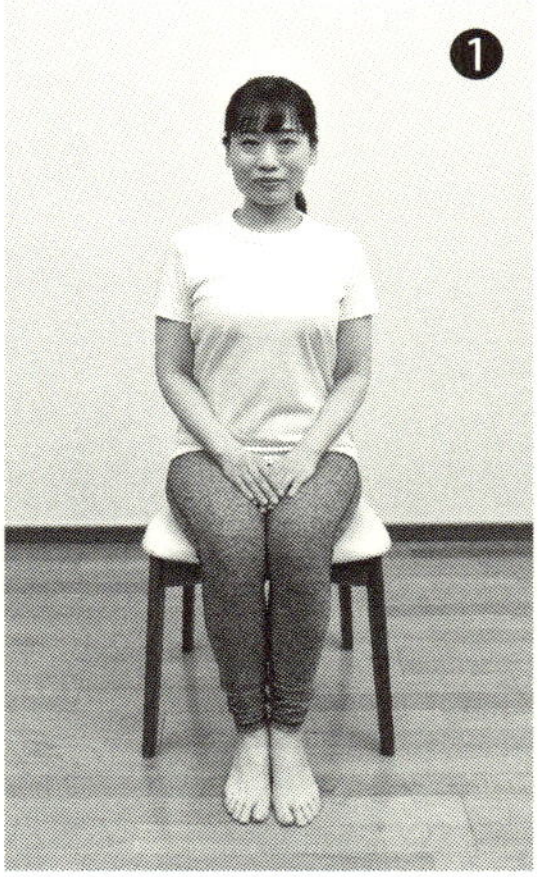

真っ直ぐ前を向いた状態。

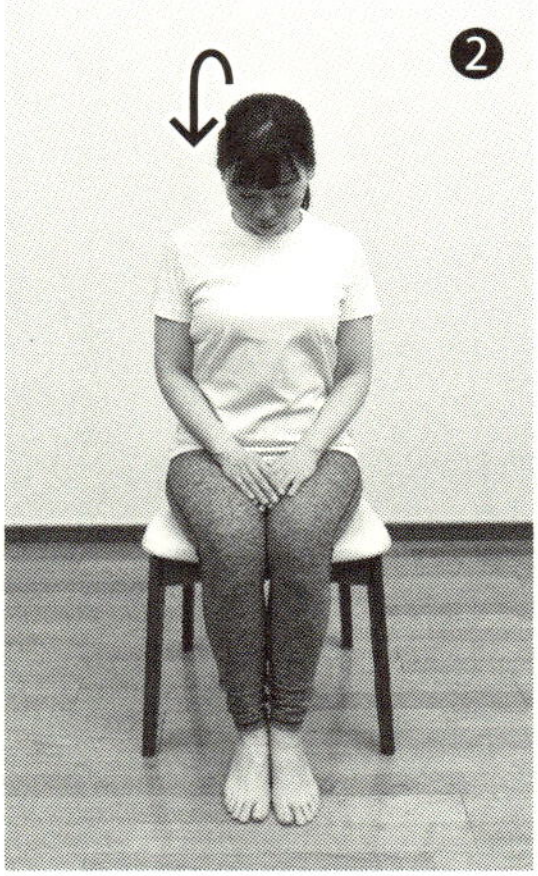

首を前屈する。

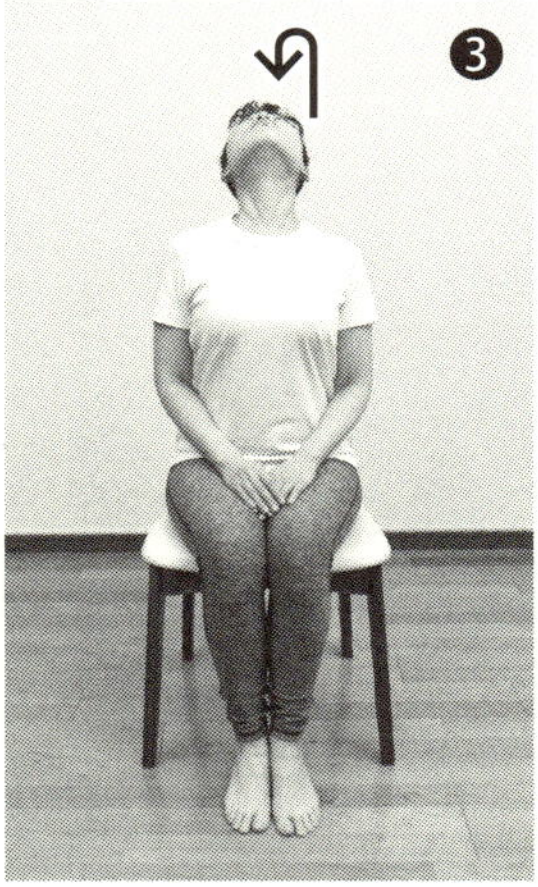

首を後屈する。

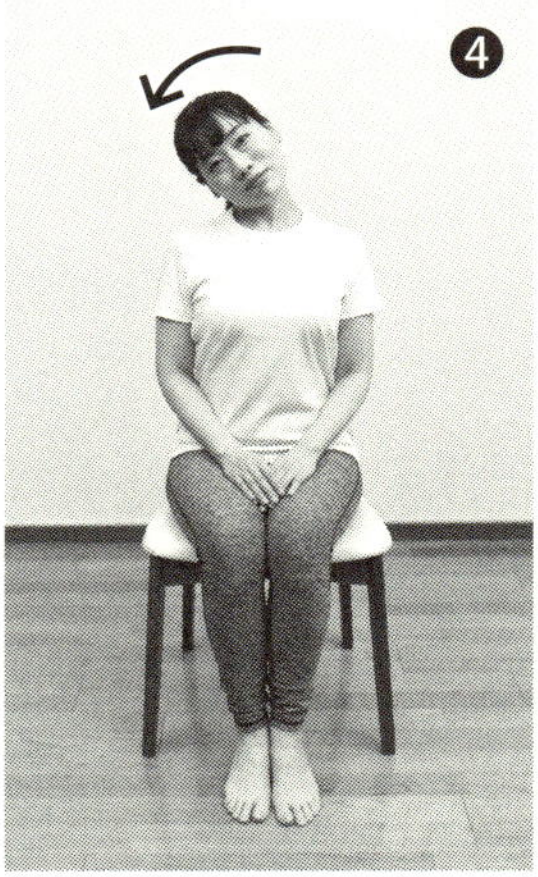

首を側屈する（左右行う）。

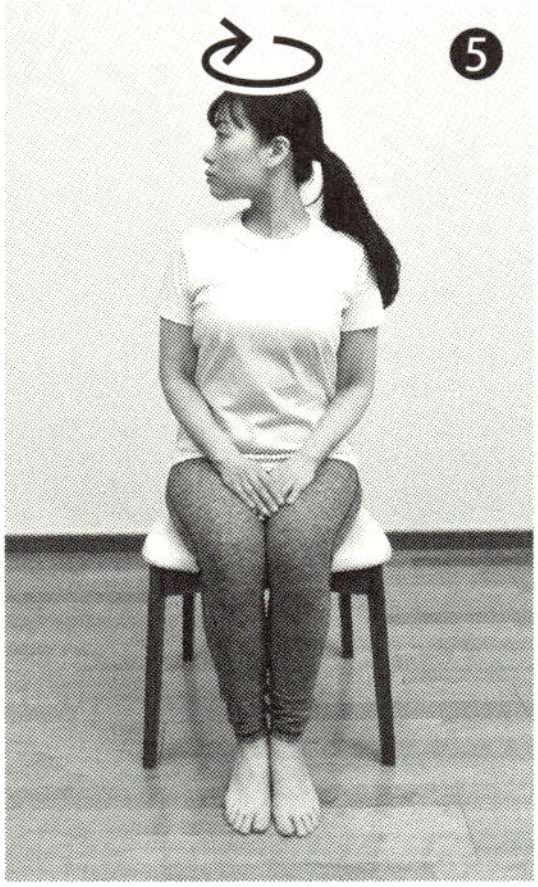

首を回旋する（左右行う）。

②肩の可動域検査

施術者が腕を持ち上げ、肩や肩甲骨の動きを見ていきます。自力で腕を持ち上げる時は肩だけでなく背中や胸の筋肉を使うため、実際の肩の可動域はわかりにくいことが多いのです。

・座った人の後ろに立ち、片方の腕を持ち、反対側の肩や背中に手を当てる。そのまま真横に持ち上げていき、動きが止まる場所、ぎこちなさ、重さ、痛みなどを確認する。正常な可動域であれば、腕が耳につく。

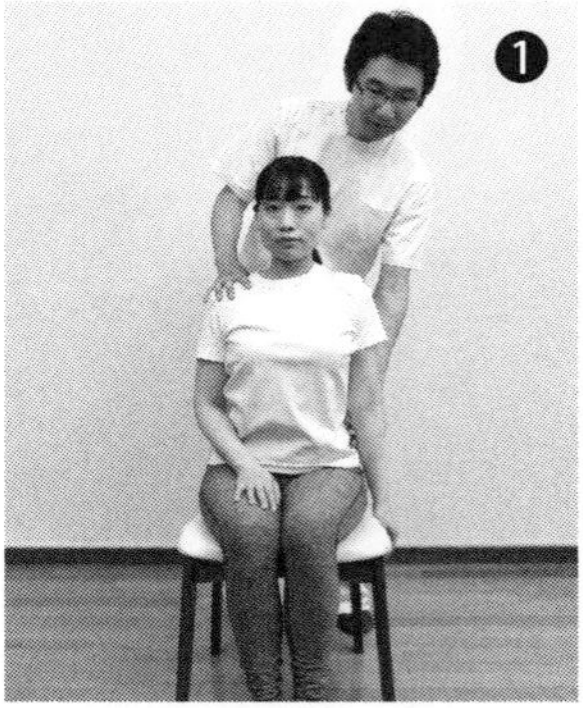

クライアントの後ろに立つ。

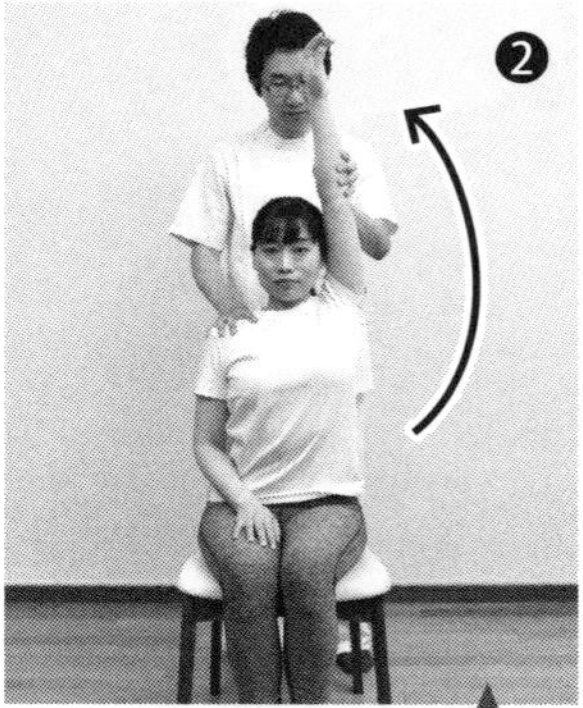

真横から腕を持ち上げる。

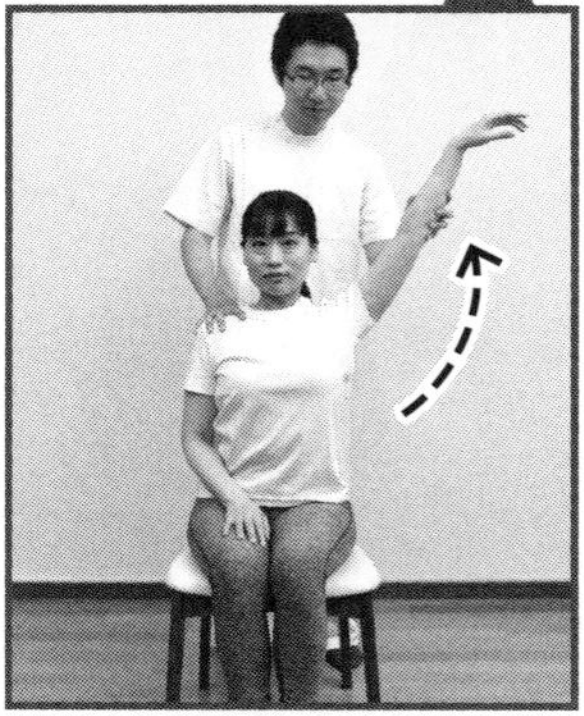
腕が耳まで届かない例。

③姿勢の検査

姿勢には、身体に固定されてしまった疲労が現れます。

- 肩が左右どちらかに傾いてないか？
- 猫背になっていないか？（内臓が疲労で下垂し、身体を前傾させている）
- 首が前に突き出ていないか？（ストレートネック。猫背とセットが多い）

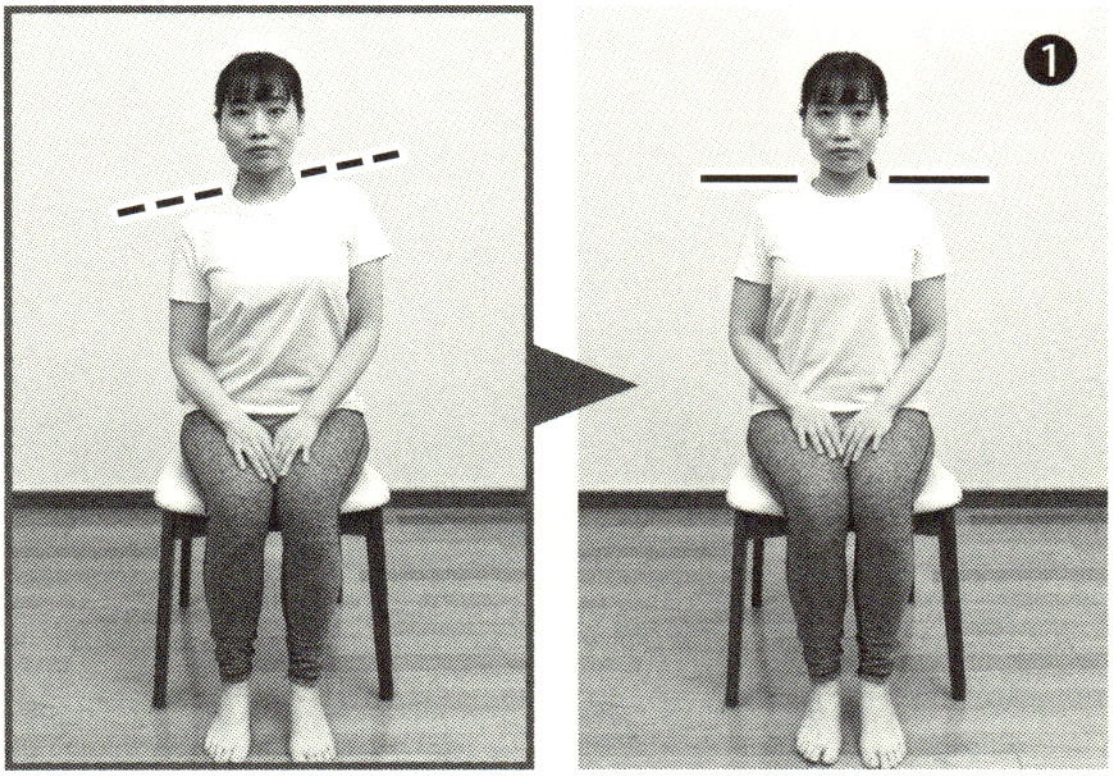

両肩のラインが傾いた状態。

両肩のラインが水平。

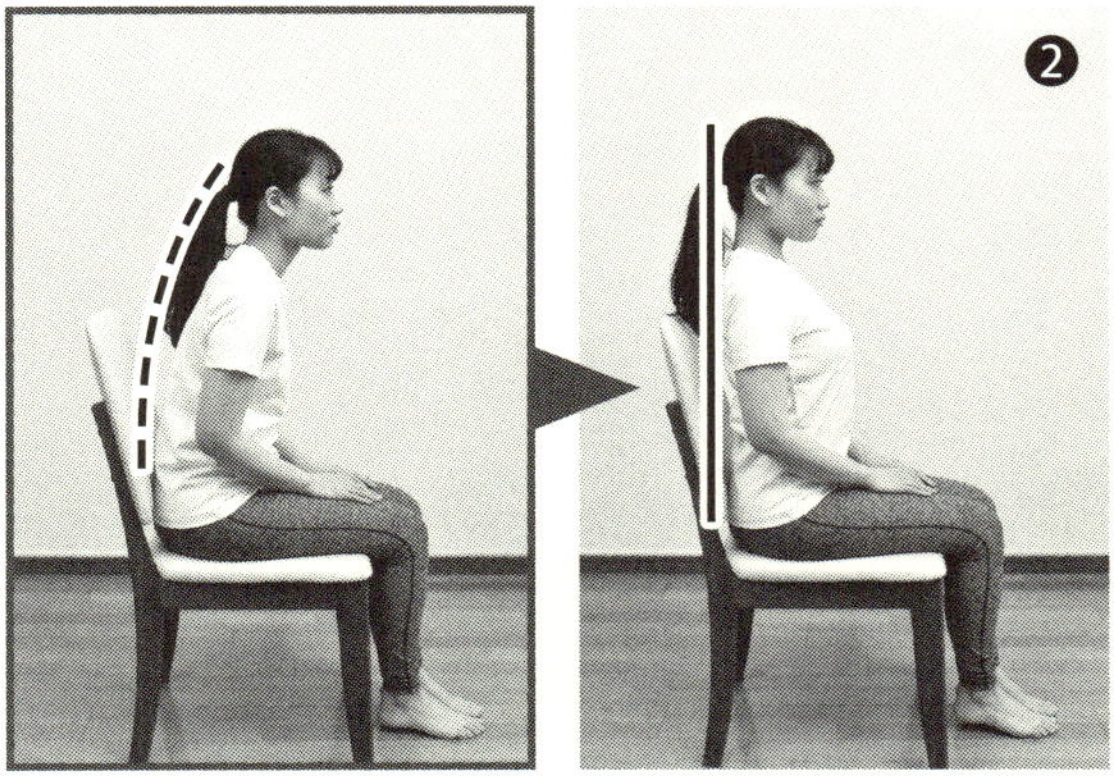

猫背になっている状態。

背中が真っ直ぐに整っている。

仰臥位での可動域検査

仰臥位の検査では、各種症状の原因となる気・エネルギーの詰まりを特定していきます。立位・座位とは異なり、検査して引っかかった部分に施術、再び検査して必要なら施術、といった細かいチェックです。

①仙腸関節の可動域検査

仙腸関節を構成している仙骨は副交感神経が集まっています。動きが悪いと、神経がリラックスできなくなり、各種症状が出やすくなります。また生殖器に関係が深く、ヘルニア、座骨神経痛、アトピー・アレルギー、うつ・パニックの症状に直結します。動きが悪くなっている人が多い箇所でもあります。

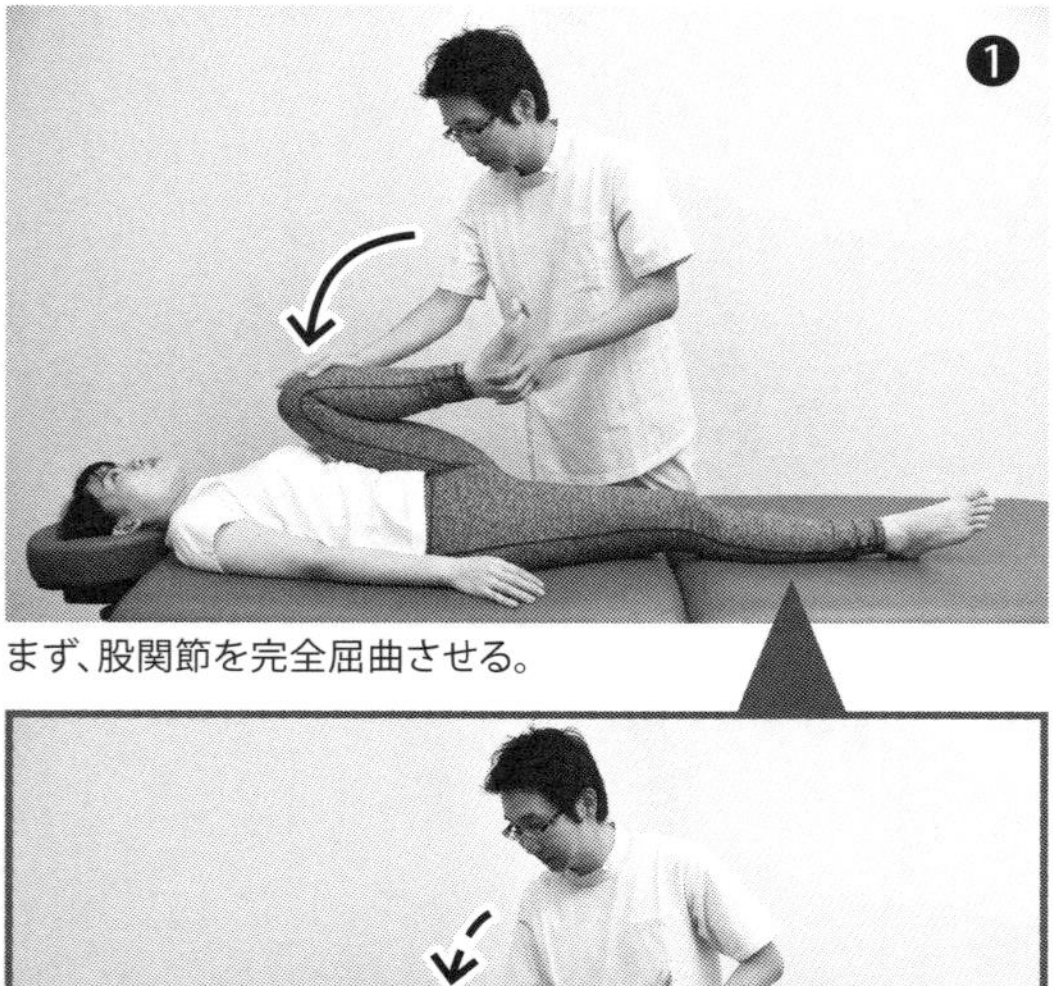

まず、股関節を完全屈曲させる。

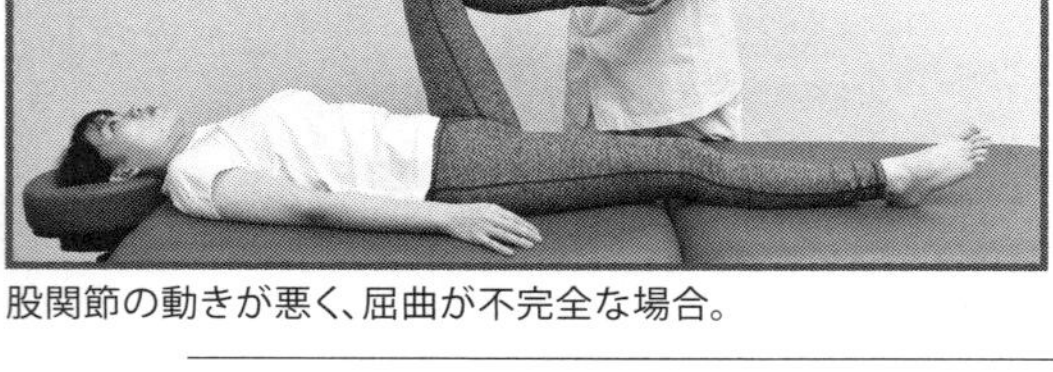

股関節の動きが悪く、屈曲が不完全な場合。

・股関節完全屈曲＋外回し・内回し
・動きが良い人……外、内にきれいに回る。
・動きが悪い人……痛みが出る。

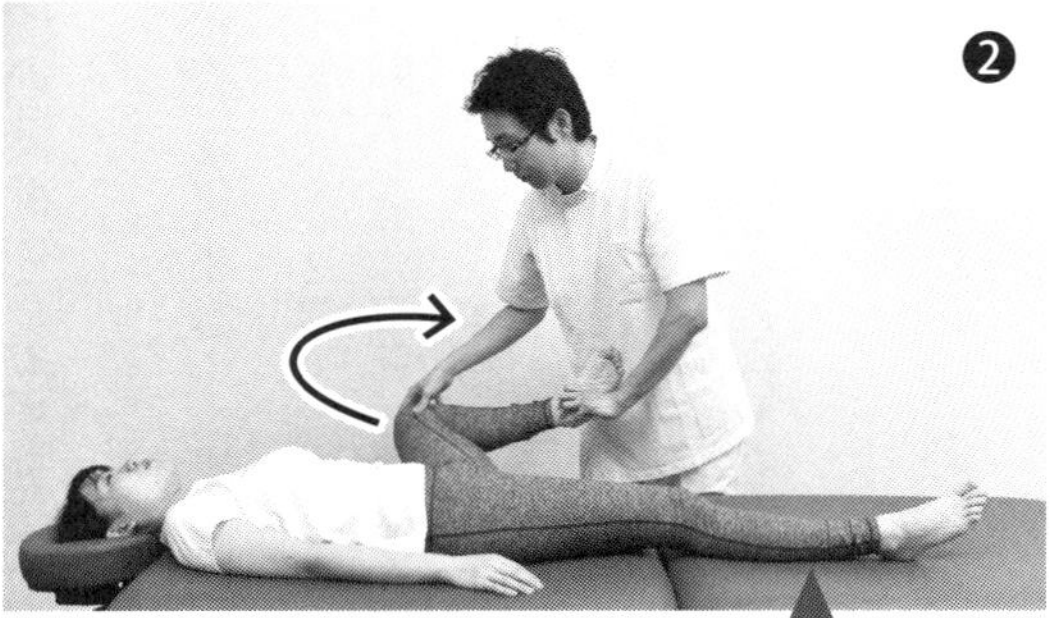

下肢を外回しする。

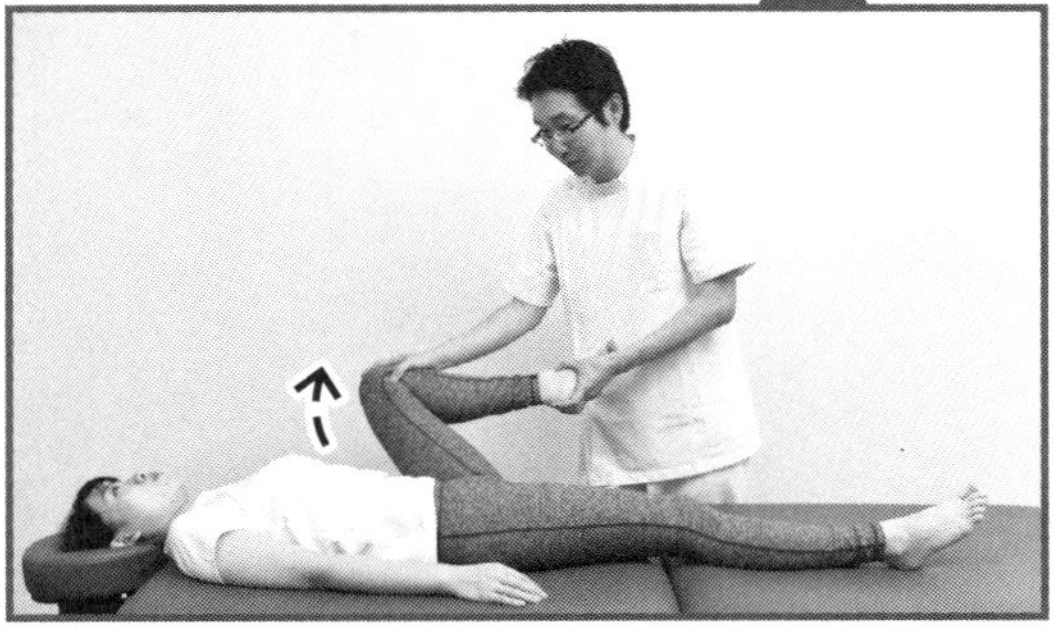
外回しの動きで引っかかる場合。

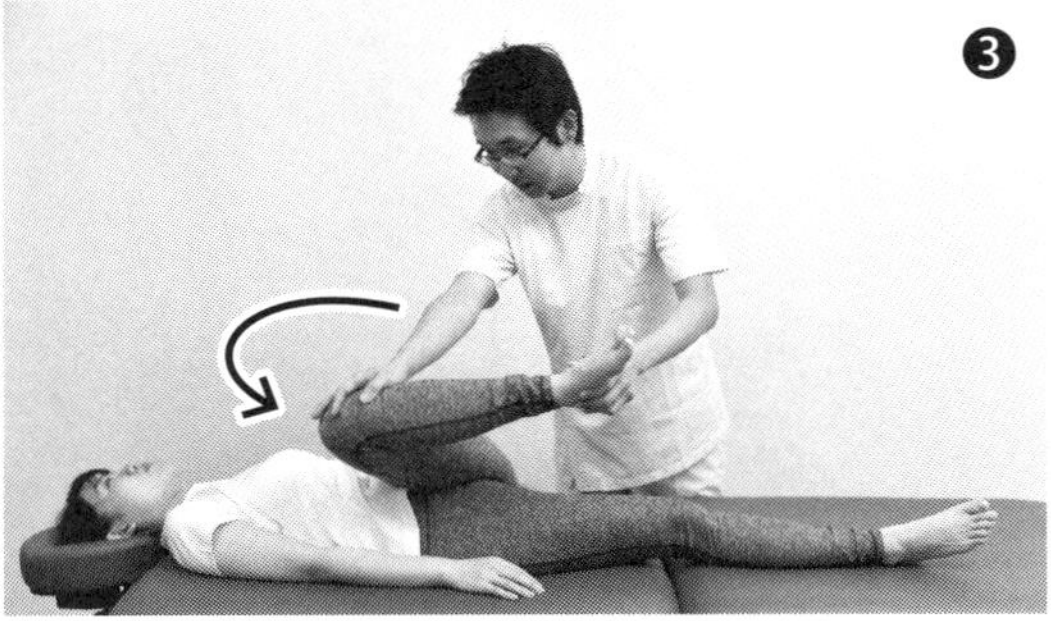

下肢を内回しする。

②股関節の可動域検査

股関節の可動域には、消化器、特に小腸・大腸の状態が反映されます。股関節の動きが悪い方は、消化器の疲労があるといえます。

・股関節90度屈曲・膝関節90度屈曲＋外回し・内回し

・動きが良い人……外、内にきれいに回る。

・動きが悪い人……痛みが出る。

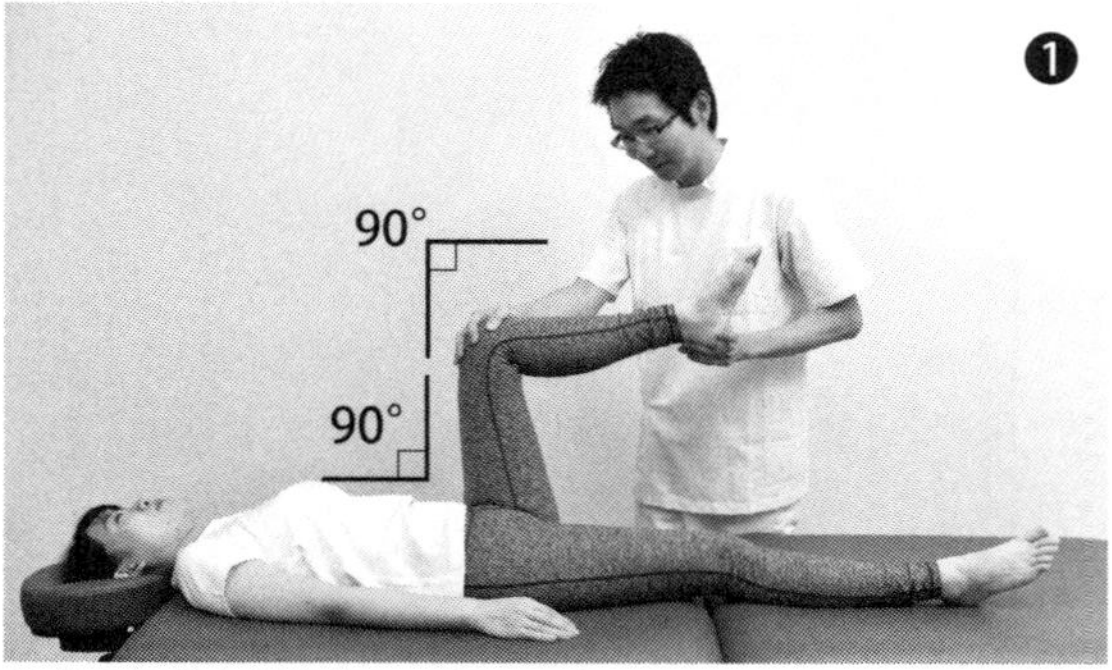

まず、股関節と膝関節を90度に屈曲させる。

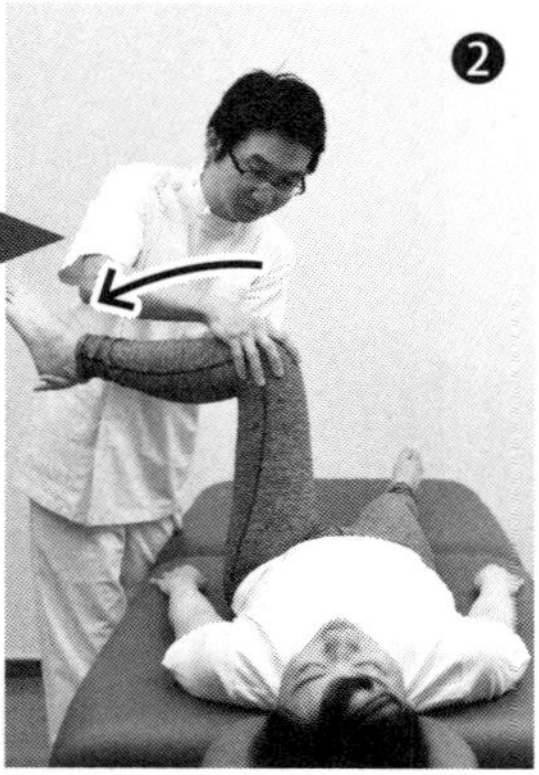

外回しする。

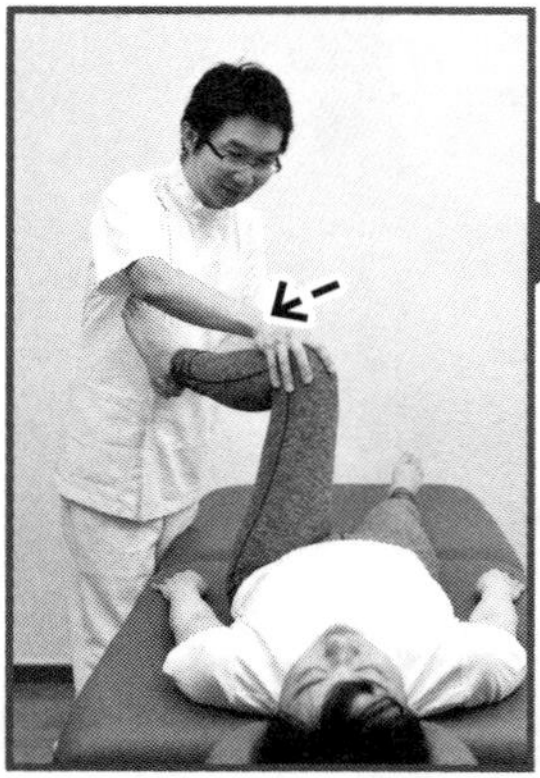
外回しの動きで引っかかる場合。

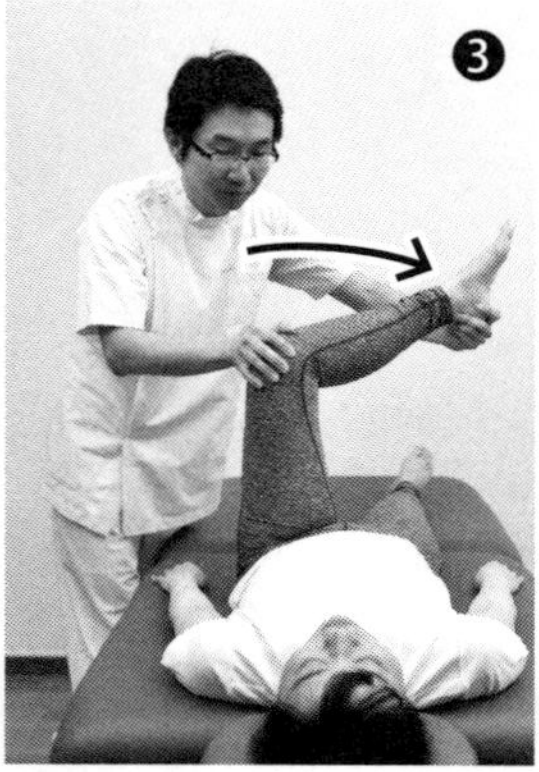

内回しする。

③膝関節の可動域検査

経絡の流れが滞ると、膝の動きが悪くなります。消化器の調子が悪い方に多く、アトピー・アレルギーの症状ともつながっています。膝が悪いからといって膝に原因があることはあまりなく、骨盤周りの原因が考えられます。

- **股関節90度屈曲・膝関節完全屈曲＋外回し・内回し**
- **膝が悪い人には無理にはしない。**

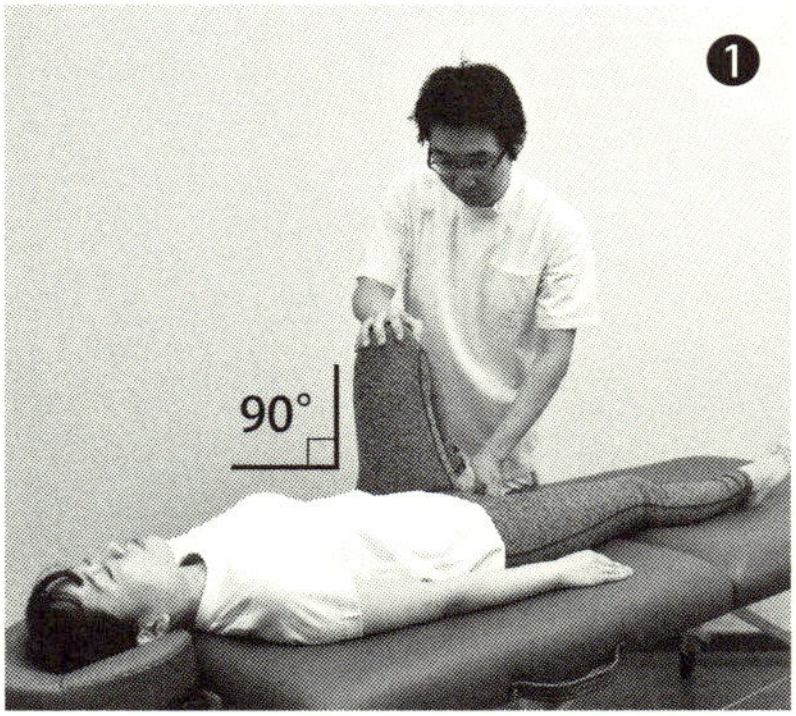

まず、股関節を90度、膝関節を完全屈曲させる。

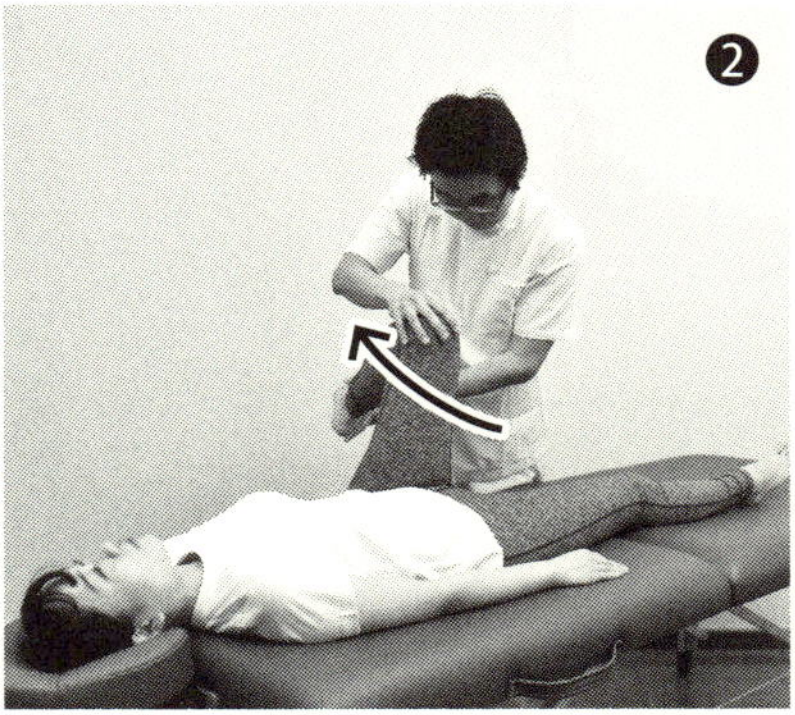

外回しする。

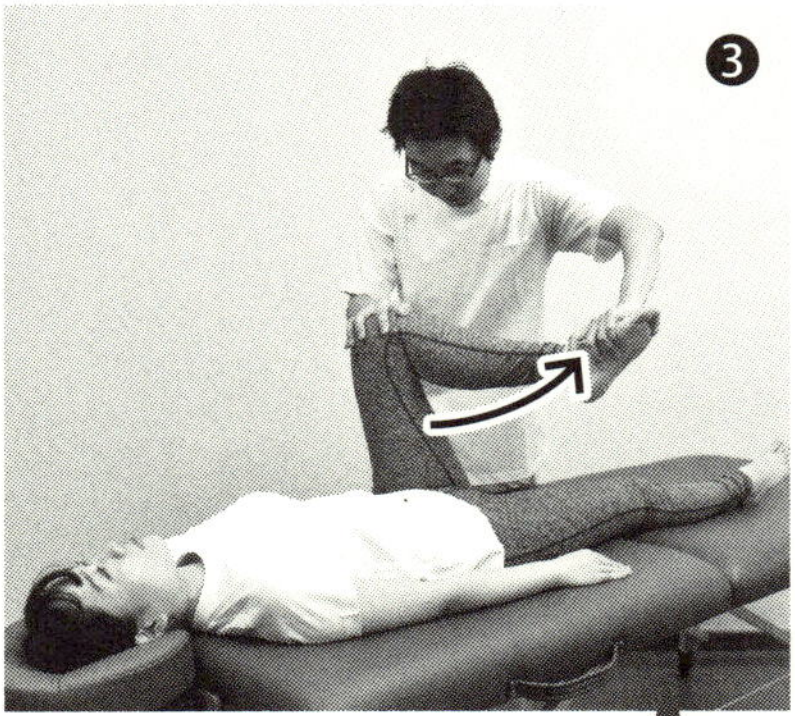

内回しする。

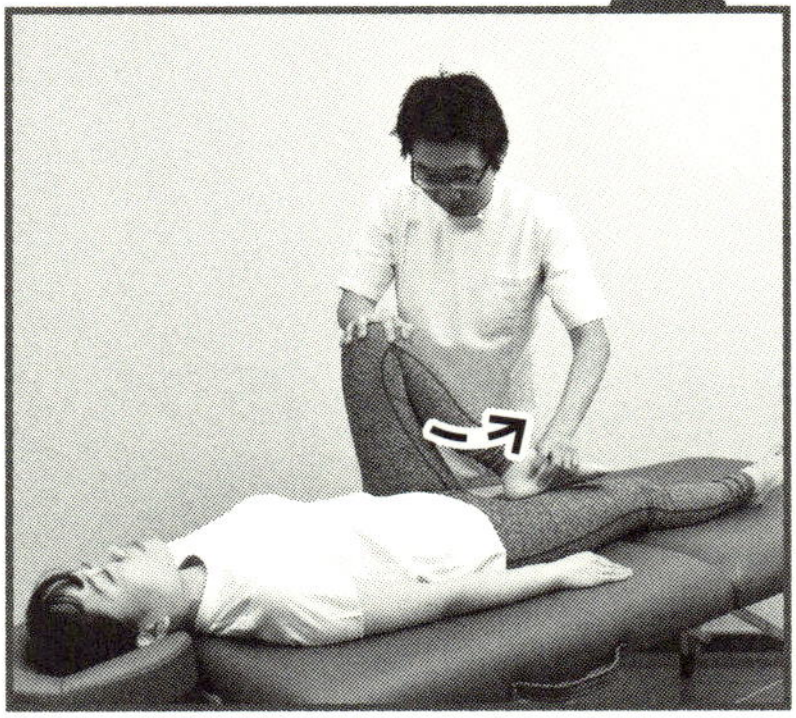
内回しの動きで引っかかる場合。

④足関節の可動域検査

過去に捻挫をほったらかして動きが悪くなっている人が多い場所です。足首には経絡の大事なポイントが多いので、この流れを調整するだけでも、捻挫や足周りの不調は楽になります。

・足関節完全屈曲＋外回し・内回し

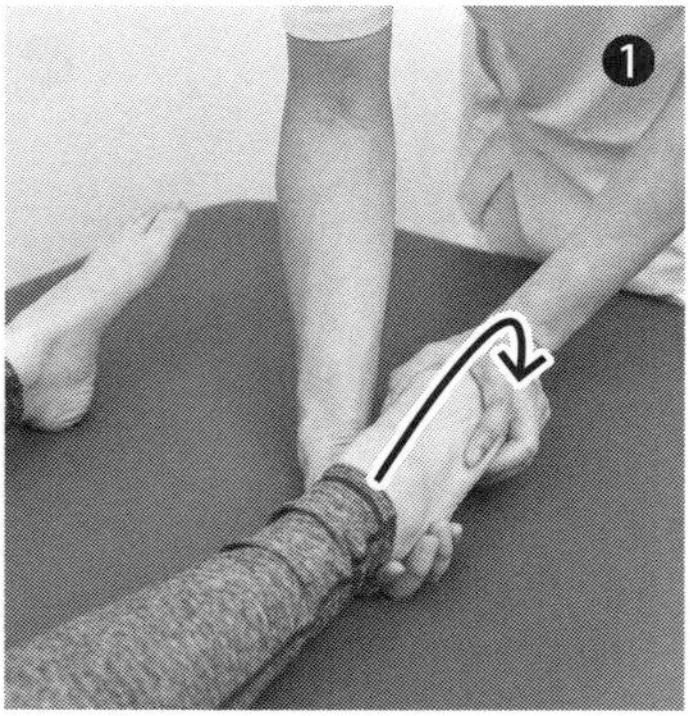

まず、足関節を完全屈曲させる。

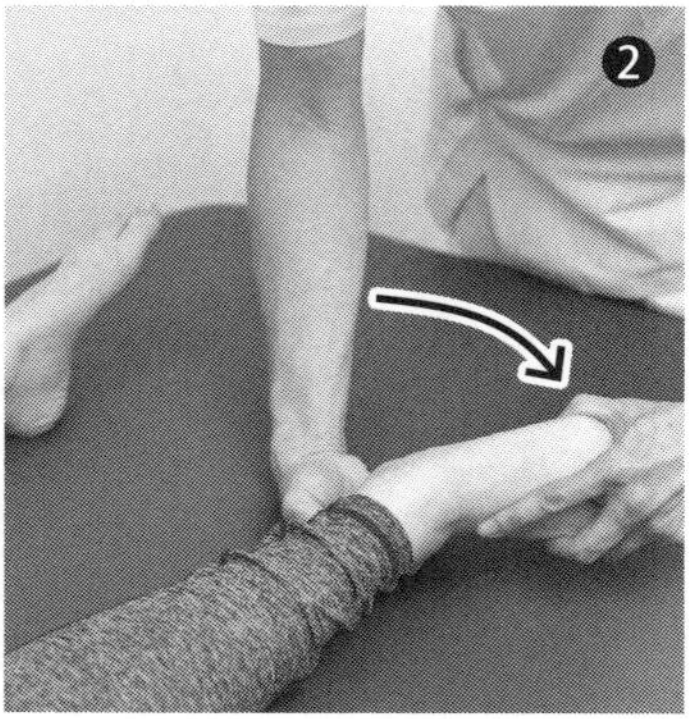

外回しする。

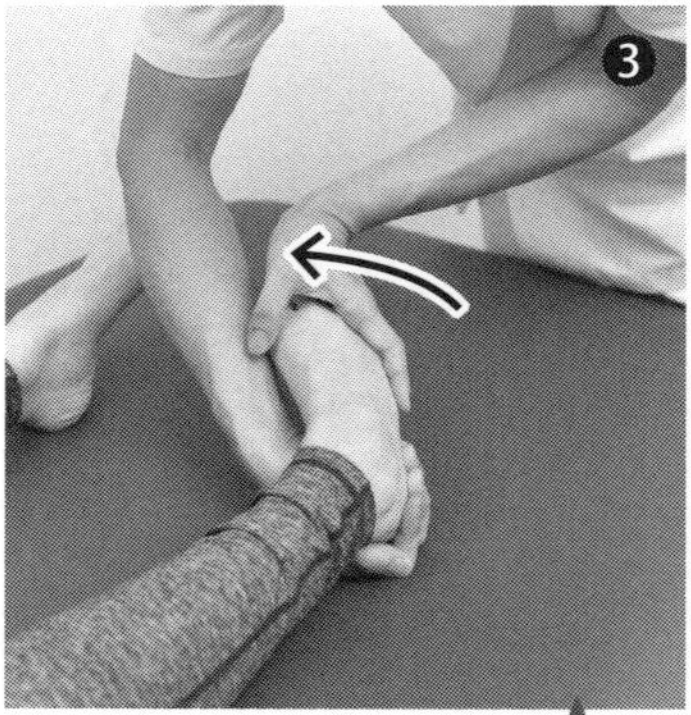

内回しする。

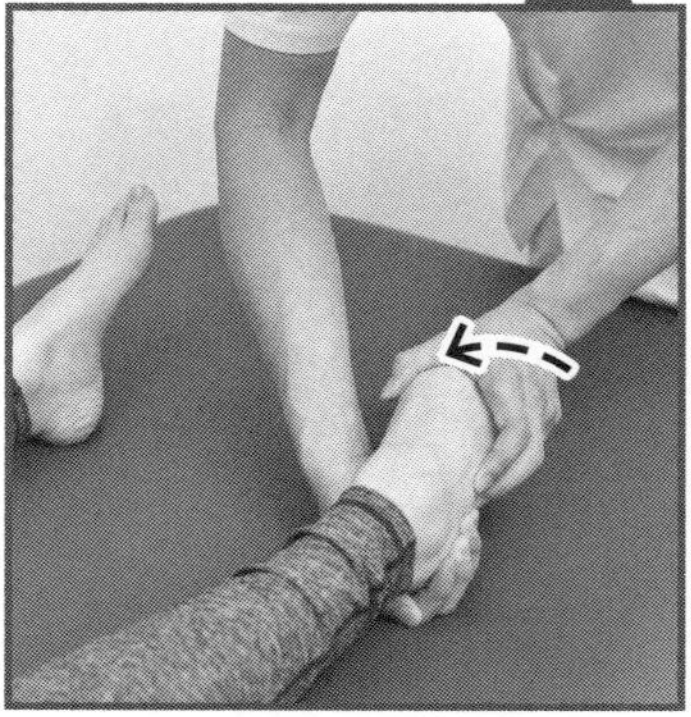

内回しの動きで引っかかる場合。

⑤骨盤の可動域検査

先ほど行った仙腸関節の検査では下肢全体の気・エネルギーを見て、ここでは骨盤の気・エネルギーを見ることになります。骨盤は身体の中心であり、頭蓋骨・上肢・下肢などすべての動きと連動し、副交感神経の働きに関係しています。この動きが悪いクライアントは多く見られますが、骨盤の可動域の悪さは便秘、生理痛、アトピー・アレルギー、うつ・パニック、不眠の症状につながっています

- **仙腸関節の硬さ（上部と下部を押す）。**
- **仙腸関節の回旋（背骨を軸にきれいに回旋できるか）。**
- **骨盤を横から押す（左右差を見る）。**
- **骨盤を前から押す（左右差を見る）。**

以上、①の仙腸関節から⑤の骨盤までの可動域について動きを良くすると、O脚やX脚の改善にもつながります

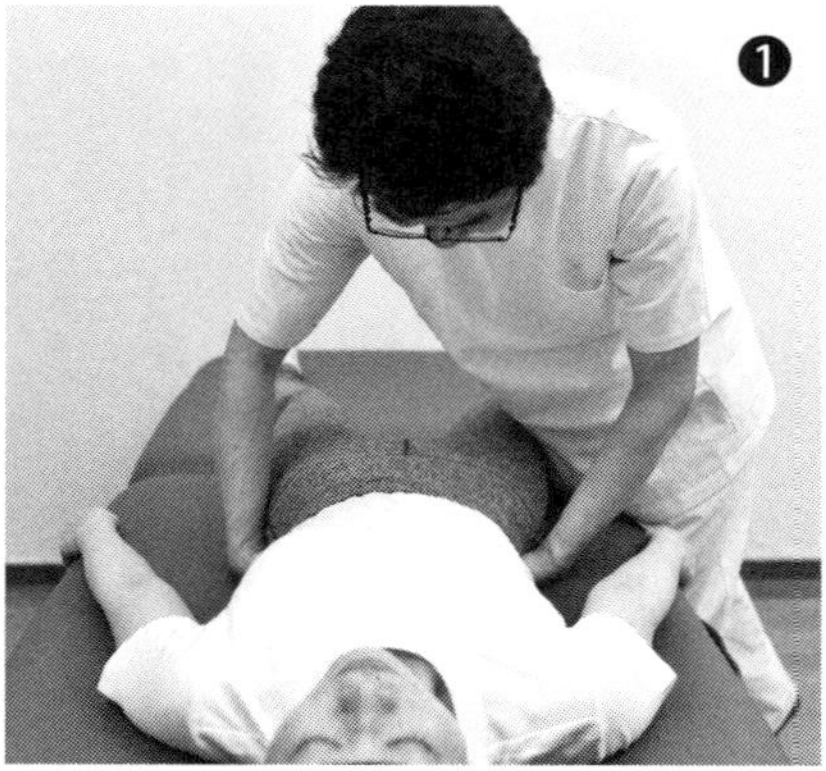

仙腸関節を押して硬さを確認する（上部と下部）。

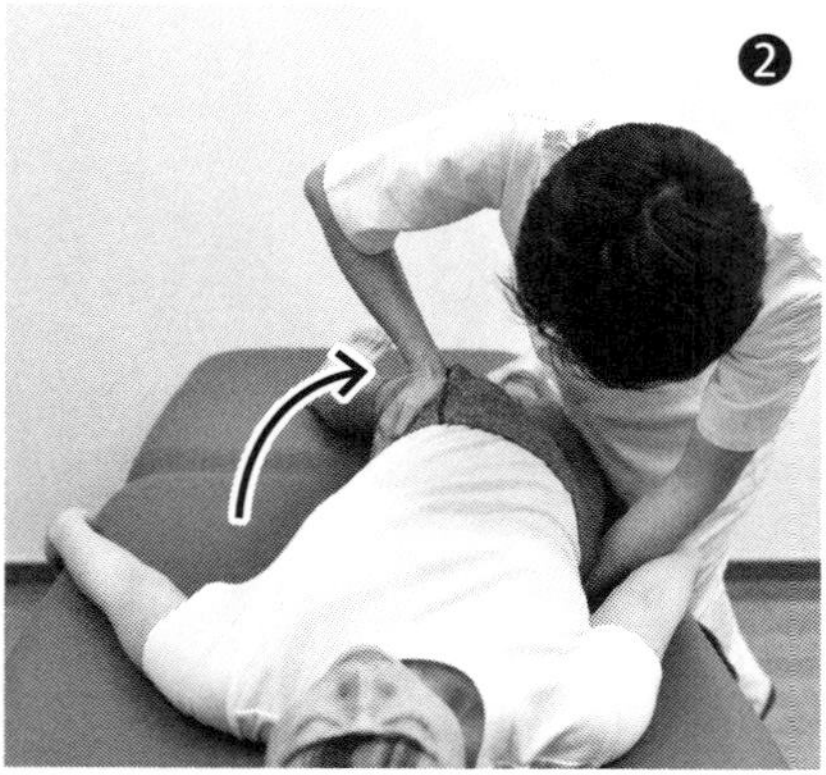

仙腸関節の回旋具合を確認（右回りと左回り）。

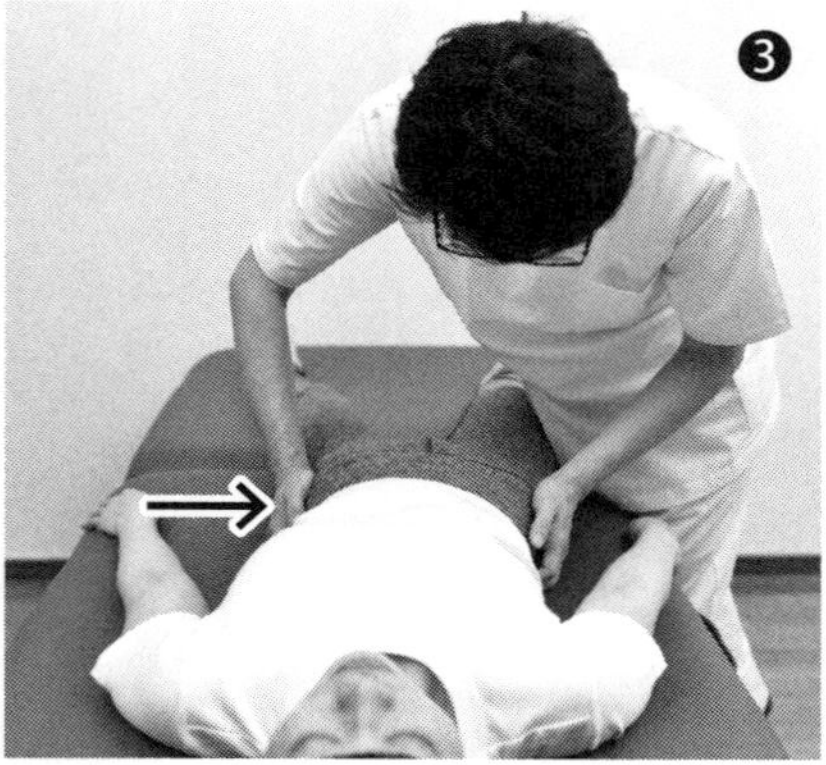

骨盤を横から押す（左右差を見る）。

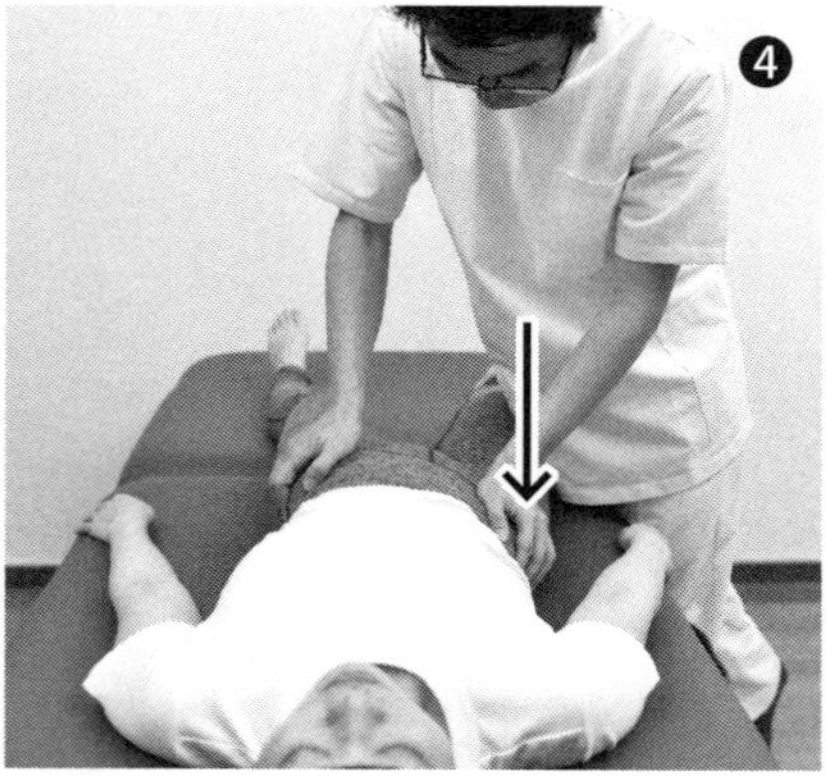

骨盤を前から押す（左右差を見る）。

⑥背中の検査

背中は上・中・下の3箇所をチェックします。各箇所の硬さが施術前と比べて柔らかくなった時は、内臓の調子が上がった指標ともなります。

- 上部……呼吸器、心臓に関係。アトピー・アレルギー、うつ・パニックの時は柔らかくする。
- 中部……消化器（胃）に関係。
- 下部……泌尿器・生殖器に関係。

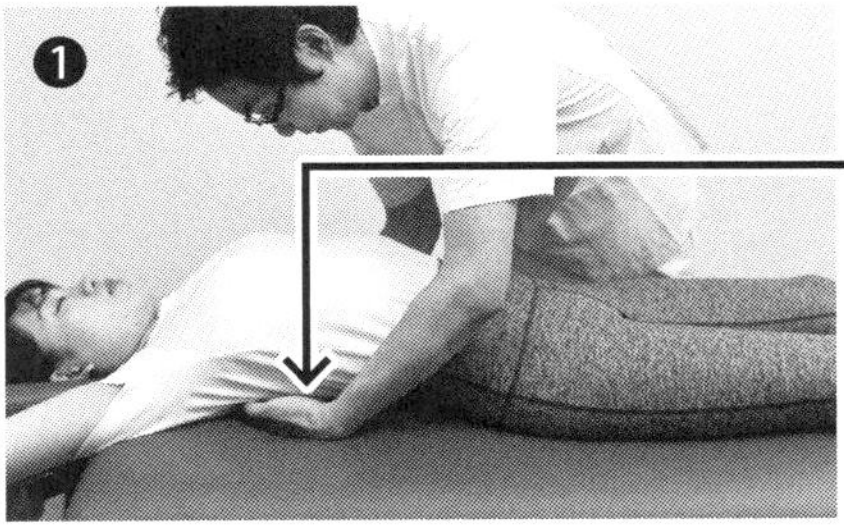

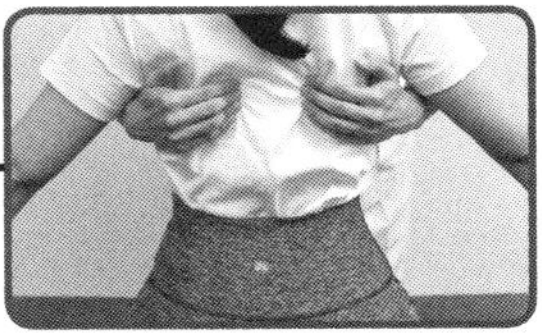

背中、上部の硬さを確認する（上写真は手の状態を示す）。

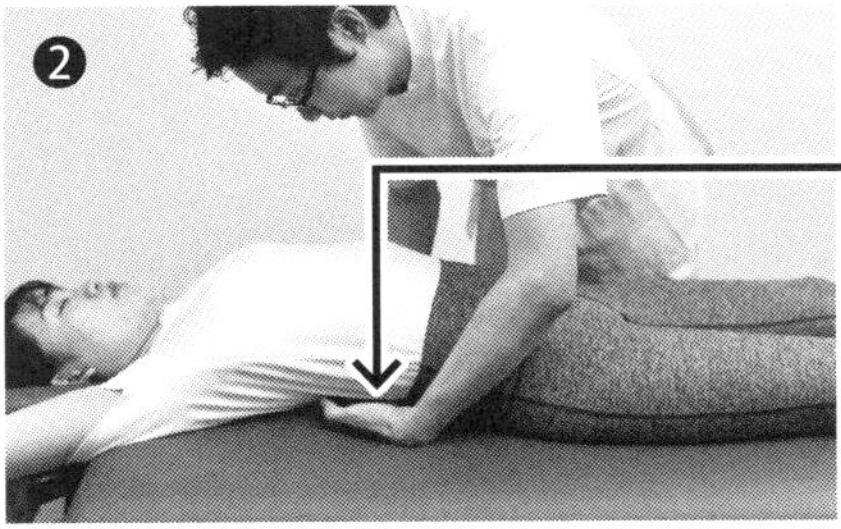

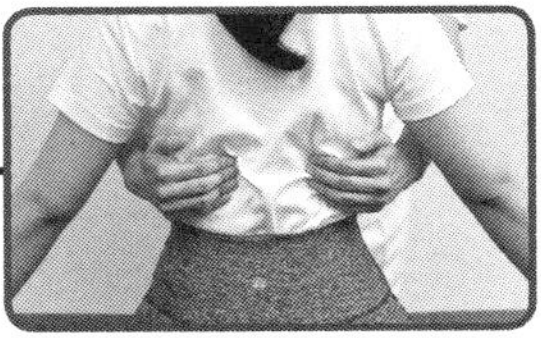

背中、中部の硬さを確認する（上写真は手の状態を示す）。

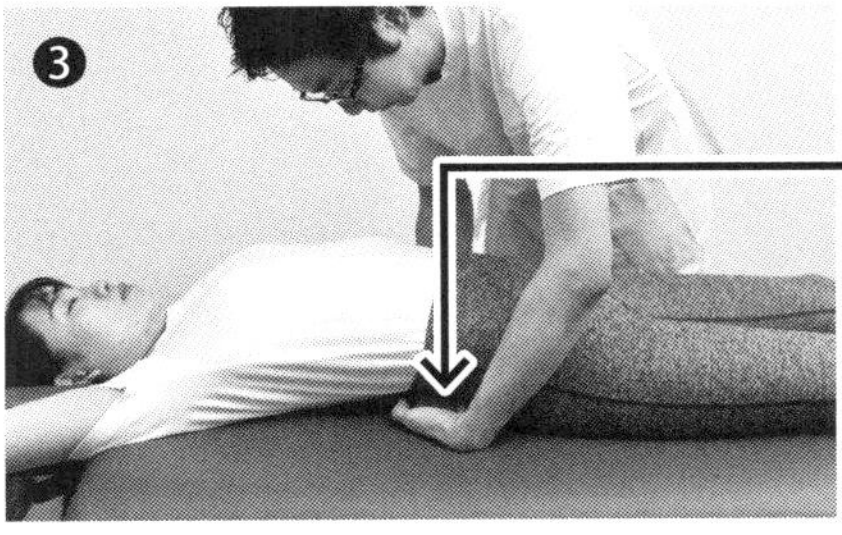

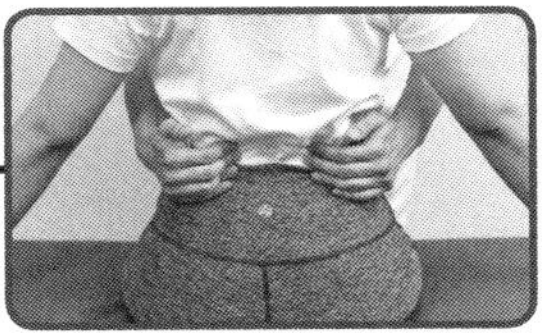

背中、下部の硬さを確認する（上写真は手の状態を示す）。

⑦肩の可動域検査

肩の動きは、首と連動しています。肩の動きが悪い場合、呼吸器（肺）、心臓、消化器（胃）にストレスがかかっているといえます。

・外回し……真横から上に、引っかからず耳まで回せるか。

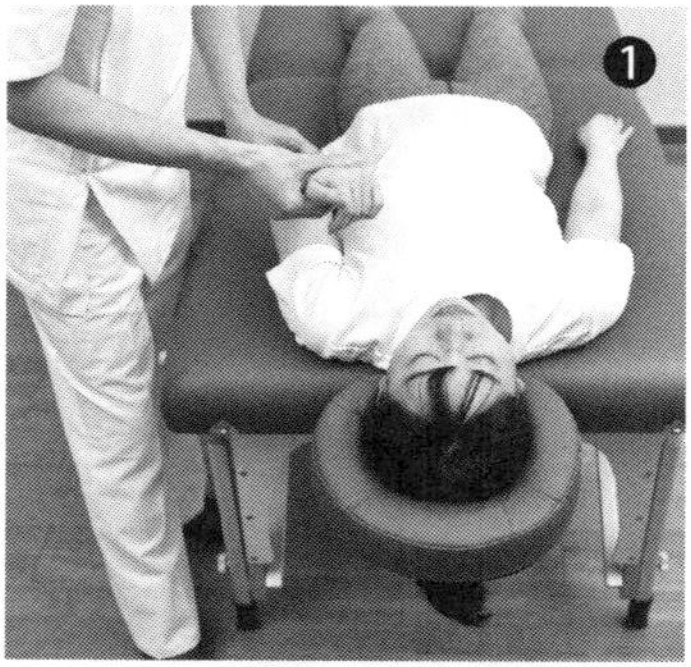

脇を閉じた位置からスタートする。

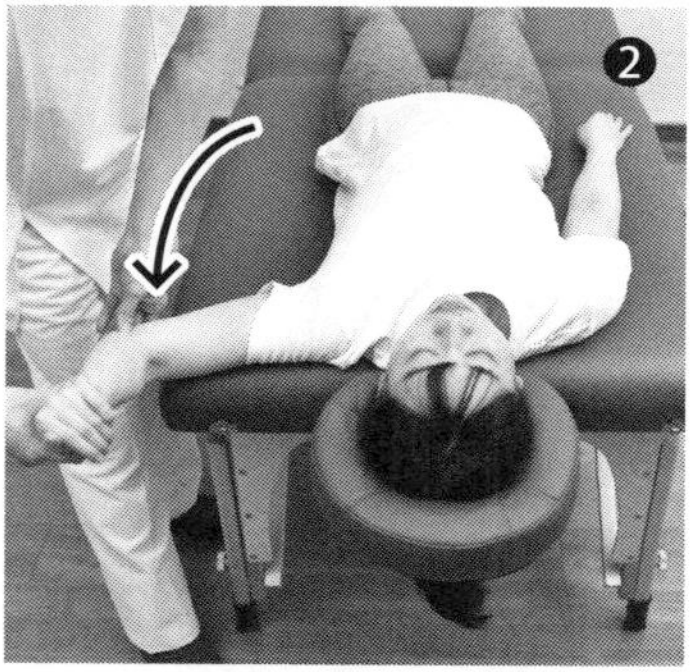

真横から外回しする。

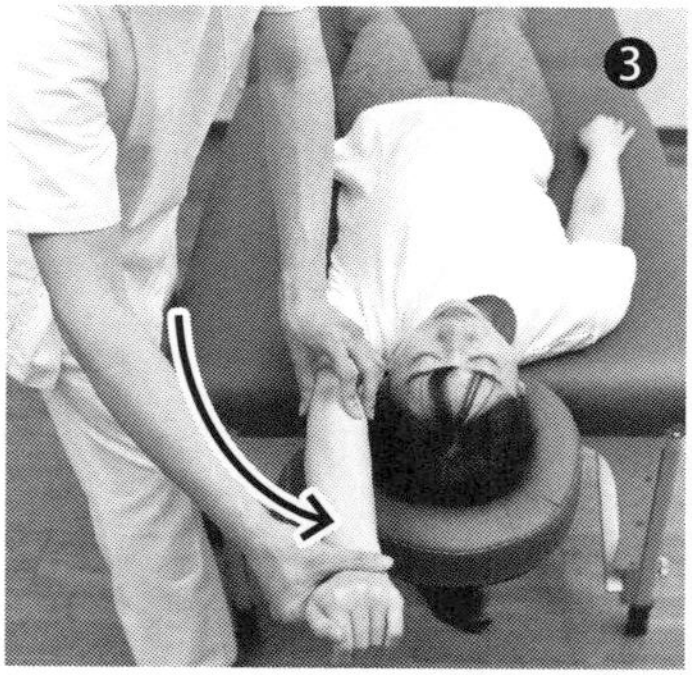

腕が耳につくように、頭方向まで回す。

・内回し……引っかからず上まで回せるか。

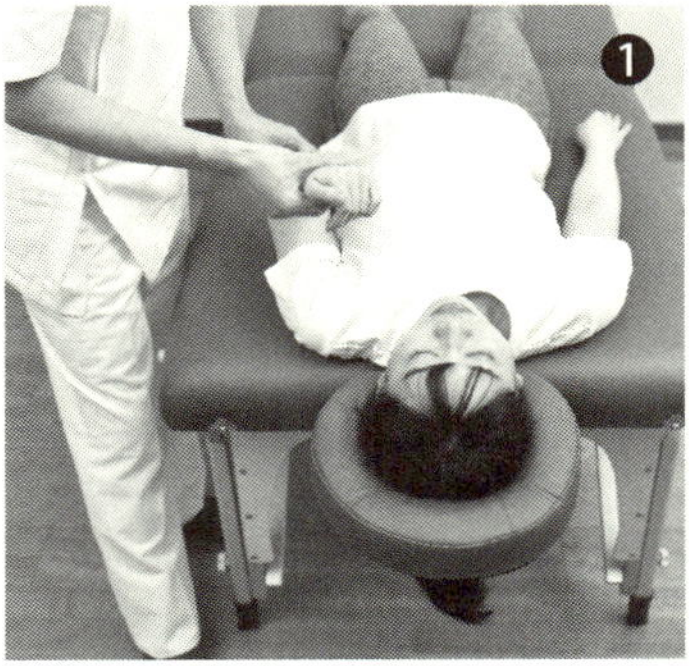

まず、肘関節を完全屈曲させる。

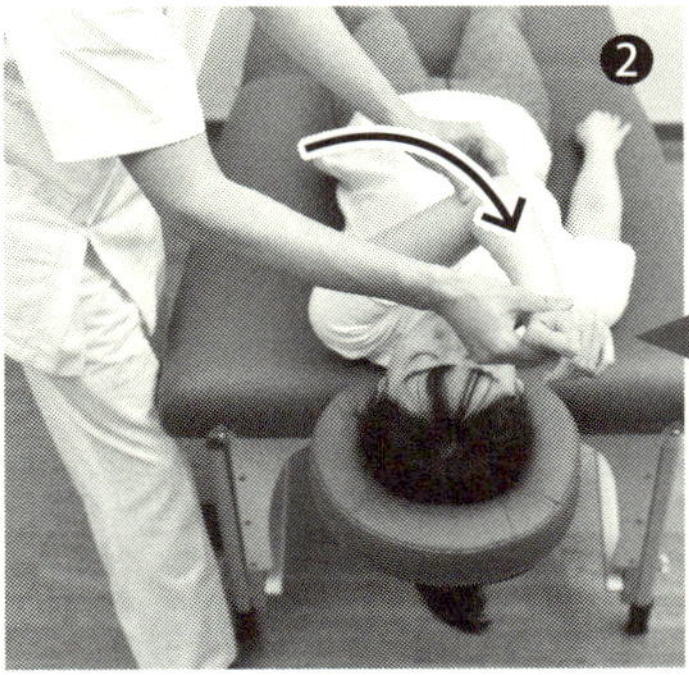

内回しする。

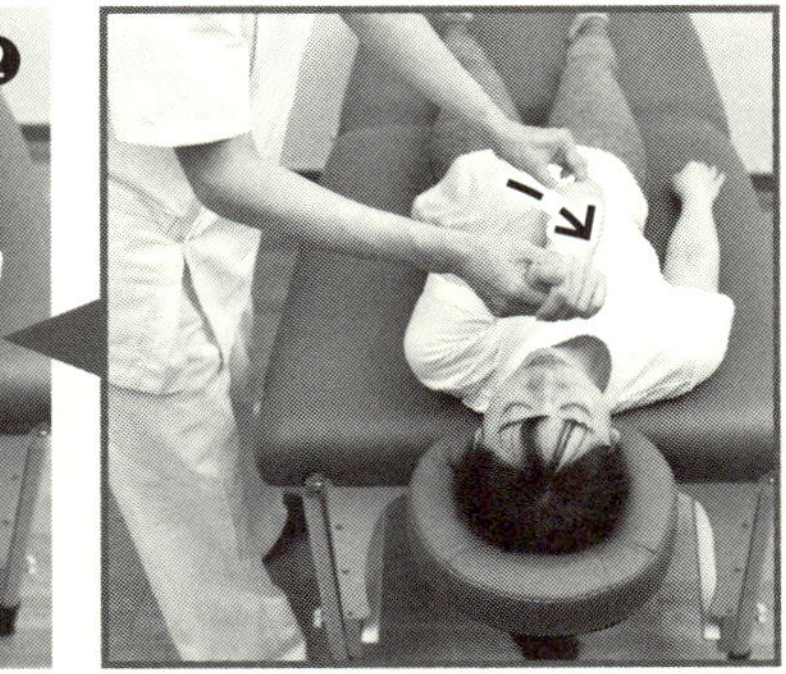

内回しの動きで引っかかる場合。

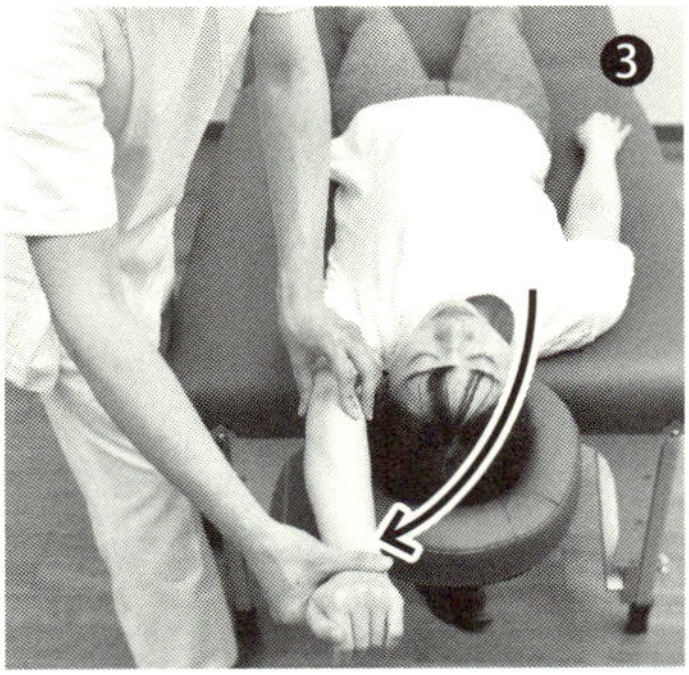

頭方向まで回す。

⑧肘の可動域検査

肘の可動域は肩と同じように、呼吸器、消化器に関係します。肩の動きが悪い時は、肘の動きを良くすると改善することが多いといえます。また、アトピー・アレルギーで肘がかゆくなると、この動きに引っかかりが出ます。腱鞘炎の改善にも有効です

・完全屈曲＋外回し・内回し

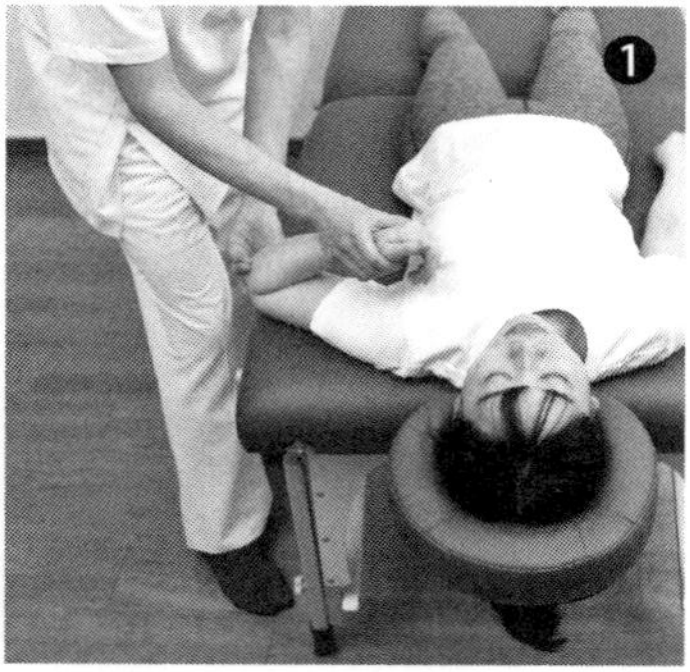

まず、肘関節を完全屈曲させる。

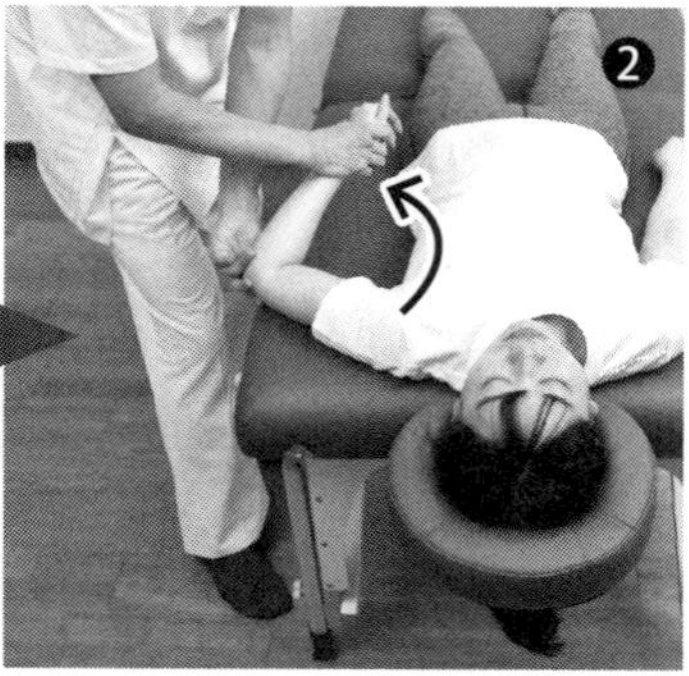

外回しする。

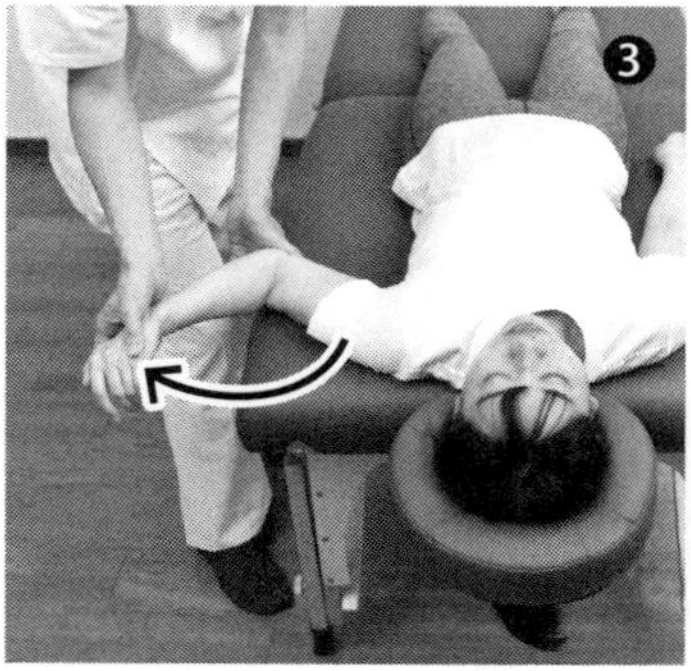

内回しする。

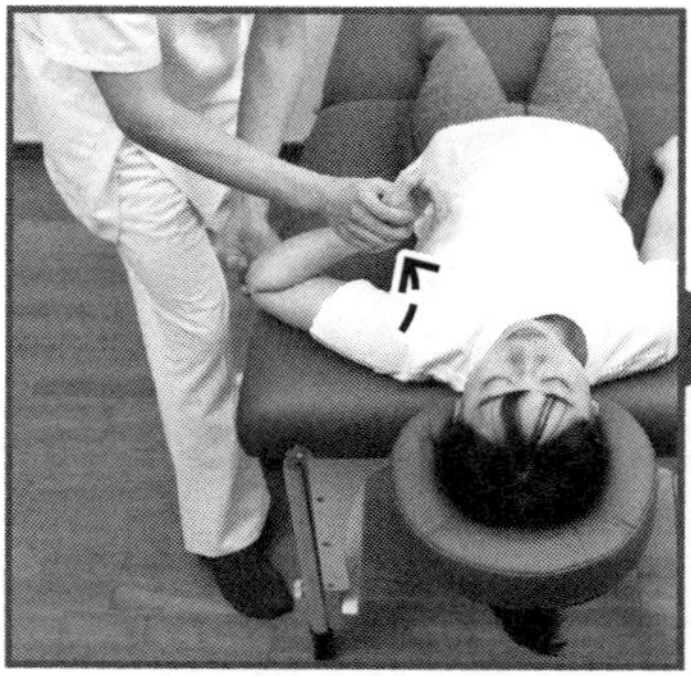

外回しの動きで引っかかる場合。

⑨手首の可動域検査

手には経絡の大事なポイントがあるので、ストレスでその流れが悪くなることでも、手の動きは悪くなります。腱鞘炎・ばね指は、ここを緩めるだけでも改善することがあります。また、生殖器やホルモンバランスとも深い関係があります。

・掌屈＋外回し・内回し
・背屈＋外回し・内回し

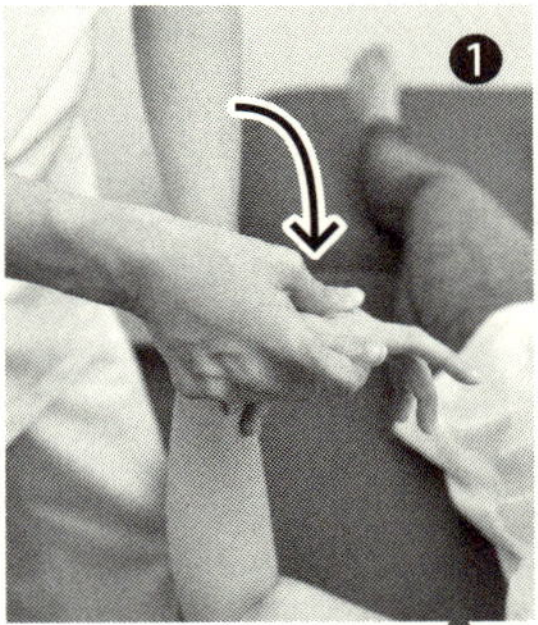

まず、手首を掌屈させる。

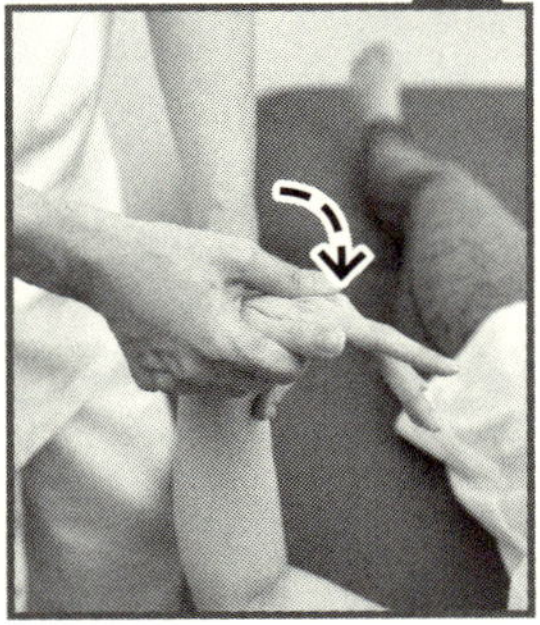
掌屈の動きが悪い場合。

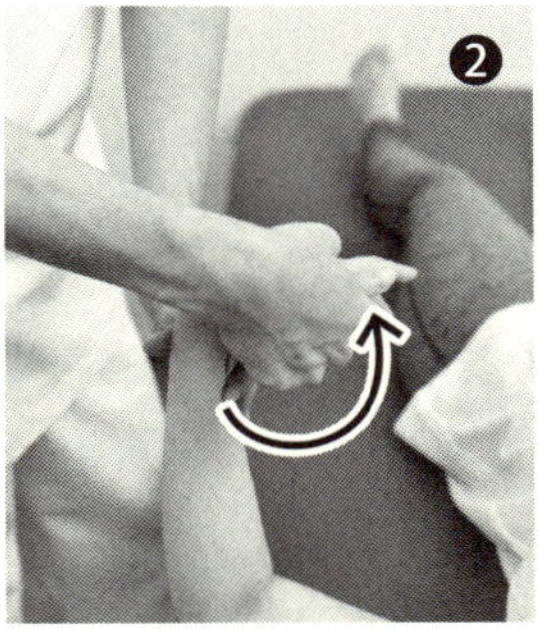

掌屈からの外回し。

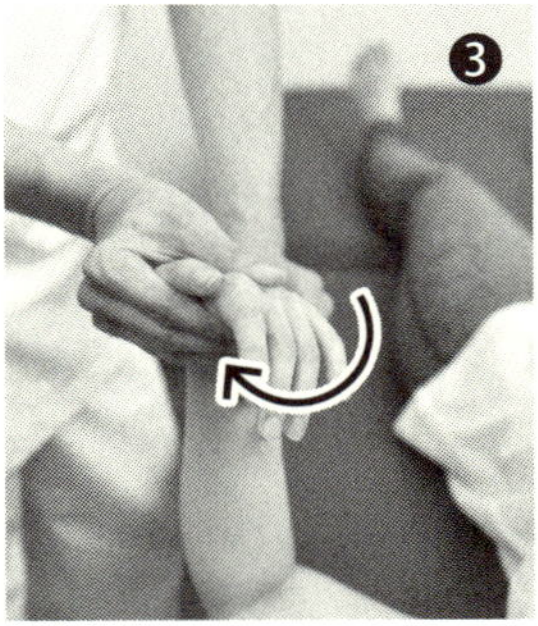

掌屈からの内回し。

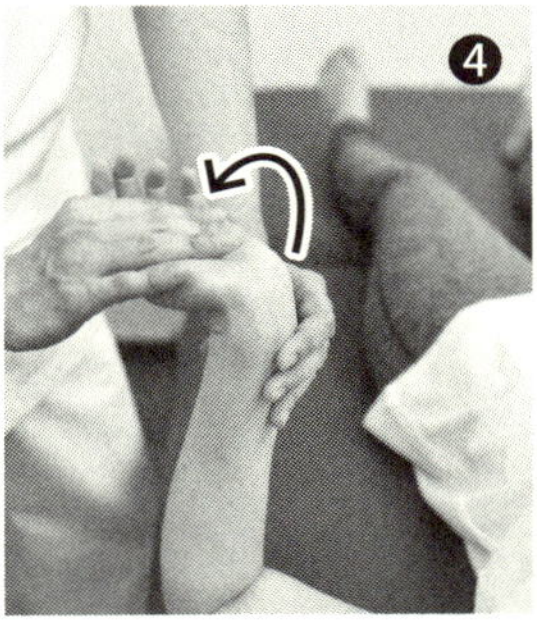

今度は、手首を背屈させる。

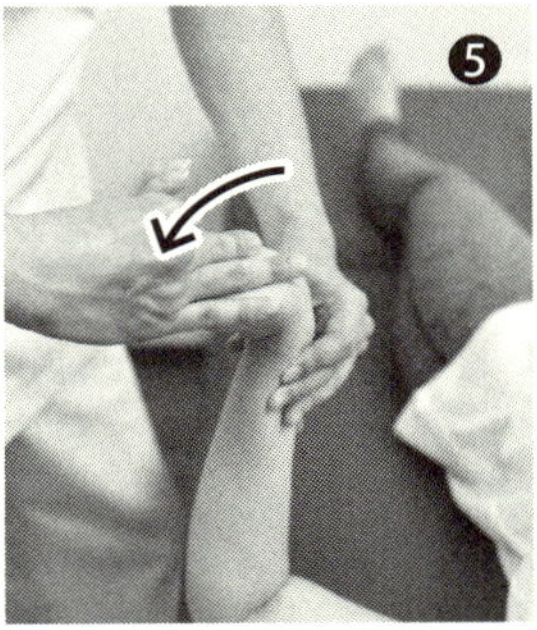

背屈からの外回し。

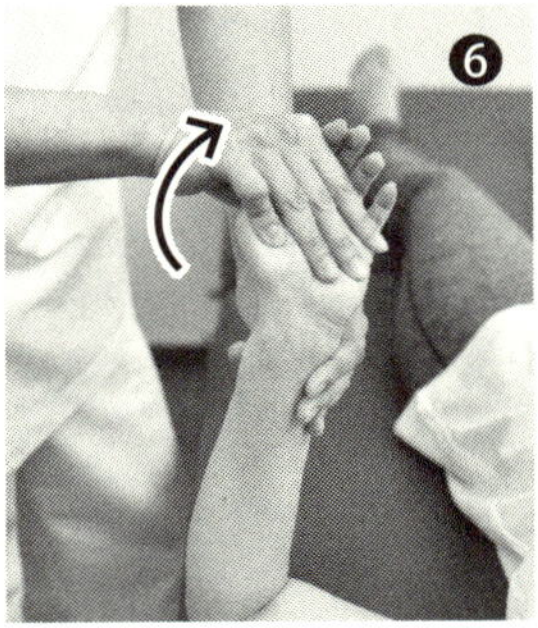

背屈からの内回し。

⑩首の可動域検査

首には自律神経のうち、特に交感神経の状態が反映されます。様々な要因で交感神経が働きすぎると、筋肉が硬くなり、屈曲しにくくなります。ですから、首を柔らかくすることで副交感神経が働くようになり、曲がるようになります。また、ここを良くすることで自律神経失調による不具合やアトピー・アレルギーの回復にもつながります。

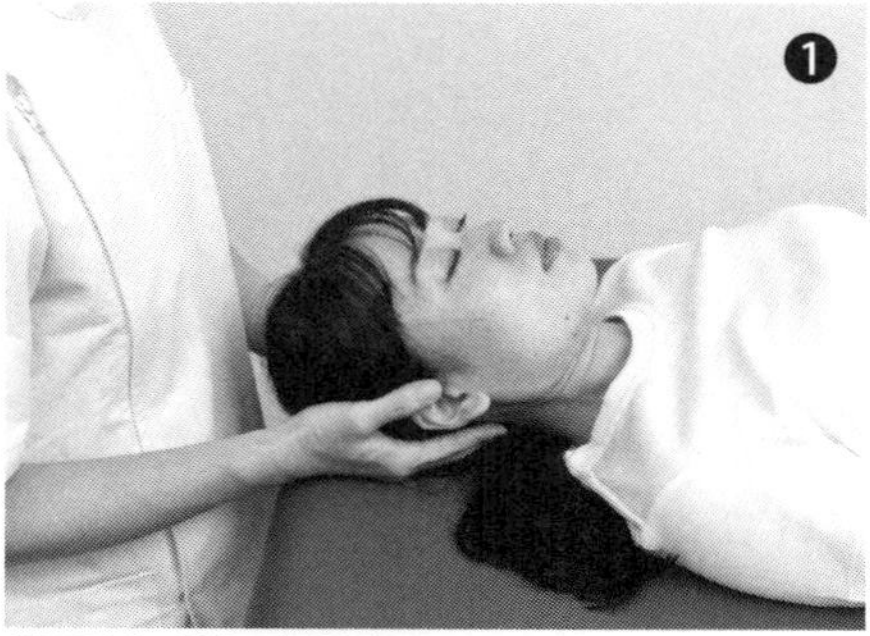

側頭骨を手掌で把握する。

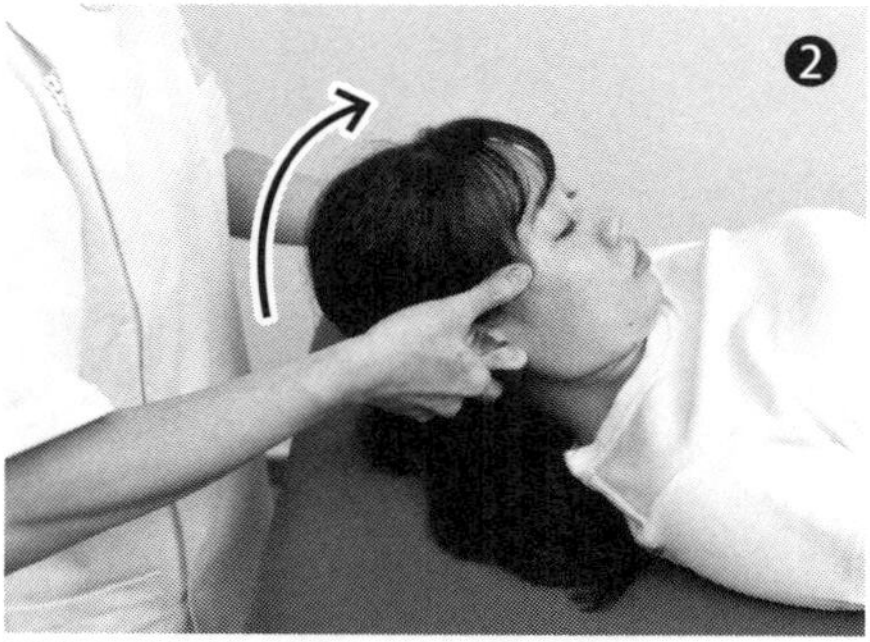

頸椎２番を曲げるようにして、首を屈曲させる。

・屈曲……神経が緊張していると屈曲できない。側頭骨を手掌で把持し、頸椎2番を曲げるイメージ。
・屈曲＋回旋……屈曲と同様。
・屈曲＋側屈……右に倒しづらい人が多い。

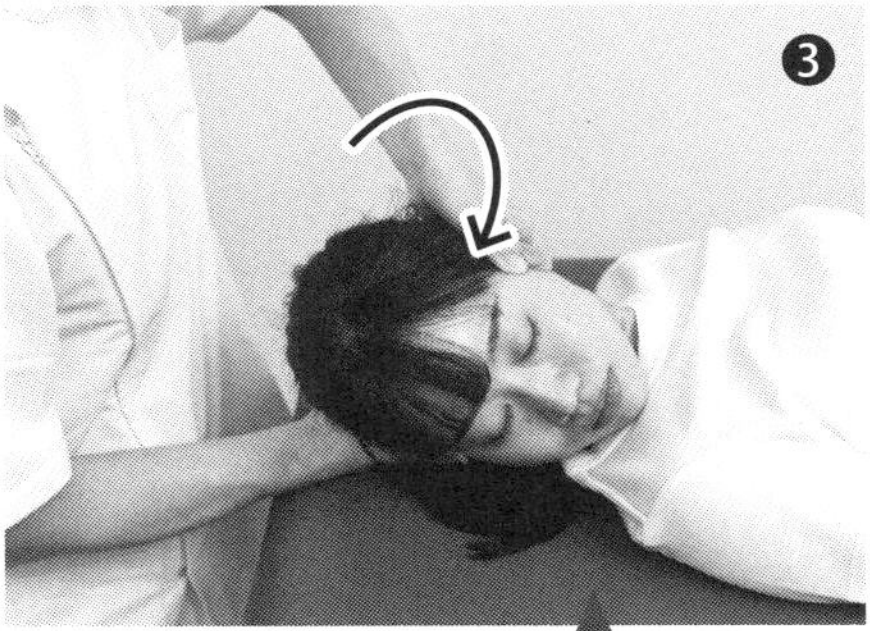

屈曲からの回旋（左右差を見る）。

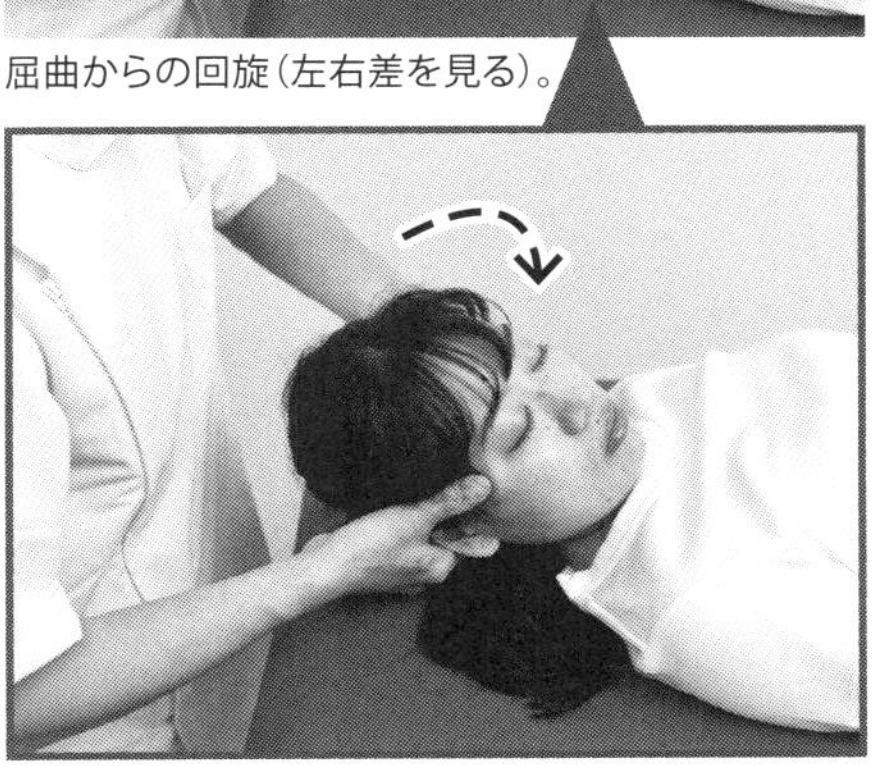
右回旋の動きで引っかかる場合。

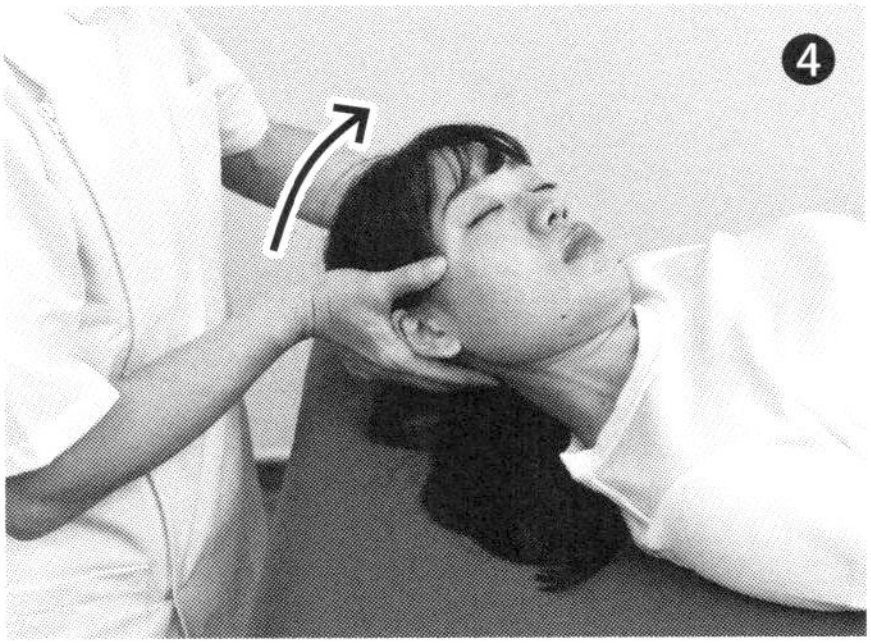

屈曲からの側屈（左右差を見る）。

⑪頭蓋骨の検査

頭蓋骨の動きには、神経の緊張状態、疲労状態、ストレスをどのくらい抱えているかなどが反映されます。

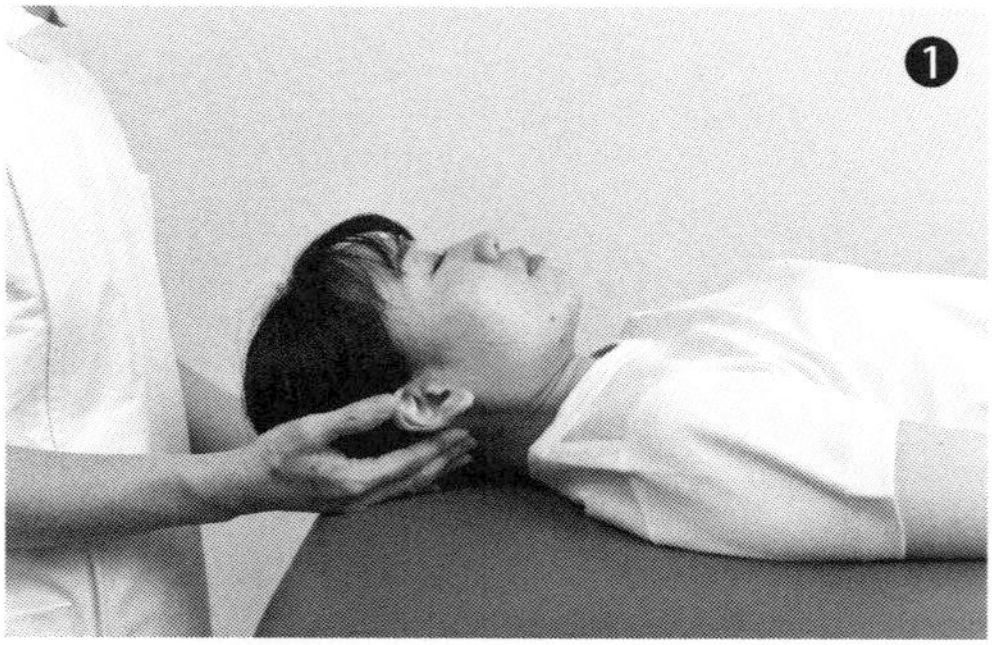

左右の乳様突起を持つ。

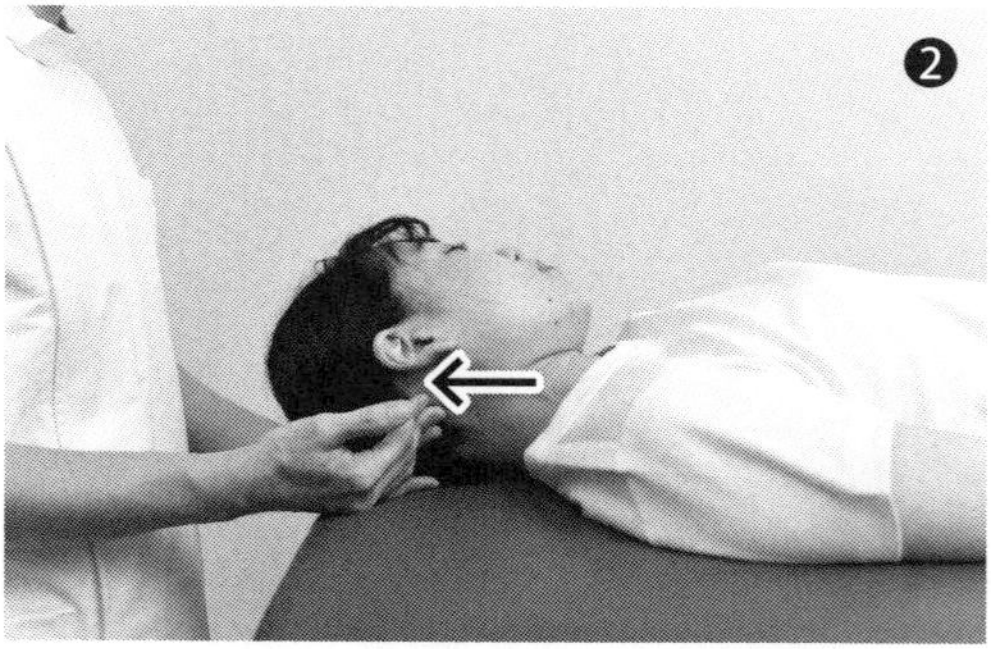

左右の乳様突起を片方ずつ引っ張る(左右差を見る)。

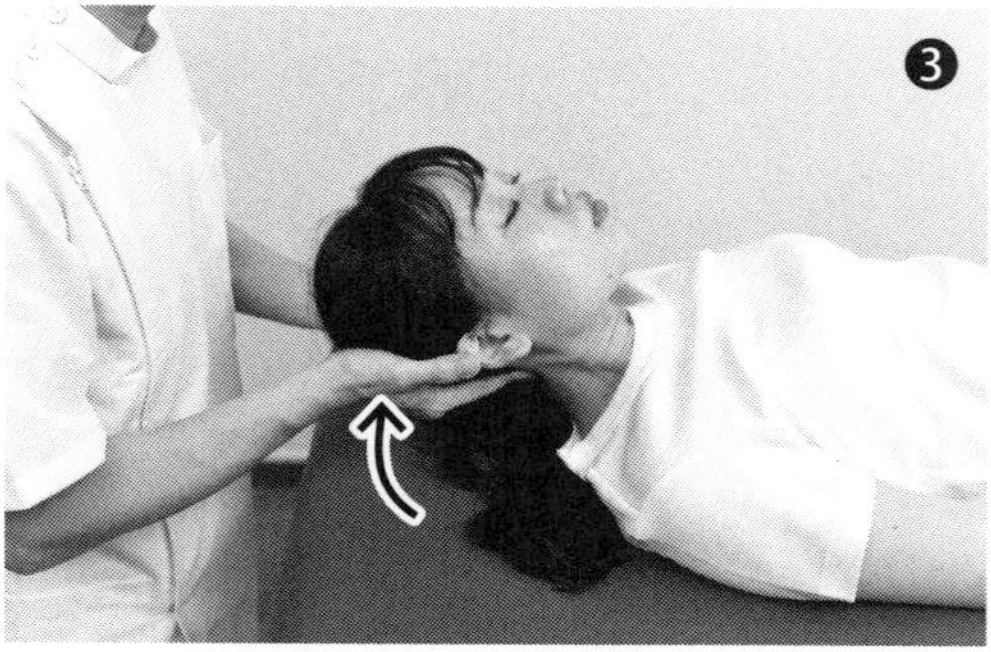

頭の重さを確認する(首の動きの状態が影響している)。

・側頭骨の動き……左右の乳様突起を持ち、片方ずつ引っ張る（左右同じくらいで引っ張れるか）。
・皮膚の硬さ……硬すぎる、むくみすぎると体調が悪い。
・頭の重さ……ストレスや疲労などで首の動きが悪いと、血・神経の巡りが悪くなり、頭が重くなる。
・過緊張……本人が力を入れているつもりはないのに、動かそうとするこちらの力に抵抗する。

身体全体に指令を出しているのが神経や脳です。神経や脳の状態が反映されている首の可動域と頭蓋骨の問題がなくなると、各種症状はかなりの改善が見込めます。

可動域検査によってわかる調整部位

これらの可動域検査によって判別できる状態や調整部位は、表のようになります。

関連する臓器	関連する症状	関連調整部位 クラニアル	経絡	チャクラ
生殖器	ヘルニア 座骨神経痛・アトピー アレルギー うつ・パニック	前頭骨	三焦経	4
		後頭骨	任脈	1
消化器 （特に小腸 大腸）		側頭骨	肺経	3
		後頭骨	任脈	5
消化器	アトピー・アレルギー	前頭骨	三焦経	6
		蝶形骨	膀胱経	2
		側頭骨	胆経	2
		側頭骨	督脈	4
	便秘 生理痛 アトピー・アレルギー うつ・パニック 不眠	蝶形骨	脾経	2
		側頭骨	胃経	3
		頭頂骨	心経	7
		後頭骨	心包経	1
呼吸器 心臓	アトピー・アレルギー うつ パニック	頭頂骨	大腸経	5
消化器（胃）		前頭骨	任脈	4
泌尿器 生殖器		後頭骨	膀胱経	2
呼吸器（肺） 心臓 消化器（胃）		蝶形骨	督脈	7
		側頭骨	肝経	2
呼吸器 消化器	アトピー・アレルギー 腱鞘炎	頭頂骨	小腸経	5
		後頭骨	大腸経	1
生殖器	腱鞘炎 ばね指	後頭骨	心経	2
		前頭骨	脾経	4
	自律神経失調の不具合 アトピー・アレルギー	側頭骨	肺経	7
		頭頂骨	胃経	5
		側頭骨	心経	6
		前頭骨	胆経	4
		前頭骨	胃経	6
		後頭骨	任脈	2
		蝶形骨	心包経	6

■可動域検査法（関連調整部位）

※立位、座位は施術前後の確認のみ

		検査項目	備考
立位の検査	腰	前屈	柔軟性の確認
		後屈	柔軟性の確認 ※背中/上…呼吸器　背中/中…消化器　腰…泌尿器 生殖器
		回旋	身体の軸の確認
		横から押す	神経の調子の確認
座位の検査	首	前屈	ストレス・疲労→首の付け根付近が硬くなる→神経の伝達が悪くなる→体全体のバランスが崩れる→各種症状が出る
		後屈	
		側屈	
		回旋	
	姿勢	肩の傾き	
		猫背	
		首の突き出し	ストレートネック　※猫背とセットが多い

			検査項目	原因
仰臥位の検査	A…下肢	①仙腸関節	屈曲＋外回し	神経がリラックス出来ない ※仙骨には副交感神経が集まっている
			屈曲＋内回し	
		②股関節	屈曲＋外回し	※股関節・膝関節90度屈曲
			屈曲＋内回し	
		③膝関節	屈曲＋外回し	経絡の流れが悪い
			屈曲＋内回し	
		④足関節	屈曲＋外回し	捻挫の放置 ※経絡の大事なポイントが多い
			屈曲＋内回し	
	B…体幹	⑤骨盤	仙腸関節の硬さ	※副交感神経の働きに関係
			仙腸関節の回旋	
			横から押す	
			上から押す	
		⑥背中	上部	
			中部	
			下部	
	C…上肢	⑦肩	外回し	※首と連動
			内回し	
		⑧肘	屈曲＋外回し	
			屈曲＋内回し	
		⑨手首	掌屈＋外回し・内回し	ストレス ※経絡の大事なポイントがある
			背屈＋外回し・内回し	
	D…頭・首	⑩首	屈曲	交感神経の働き過ぎ
			屈曲＋回旋	
			屈曲＋側屈	
		⑪頭蓋骨	側頭骨の動き	※左右の乳様突起を持ち、片方ずつ引っ張る
			皮膚の硬さ	硬すぎる・むくみがある→体調不良
			重さ	血・神経の巡りが悪い→重い
			過緊張	神経の使い過ぎ→触るだけで首が緊張 ※夜でもリラックスできない

本章のまとめ

①可動域検査を行うのは、一つ目にクライアントと施術者の両方が主観的でない共通認識を持つため。二つ目に身体の動きから不具合のある場所を探り出していくため。

②可動域には、その関節の周囲にある器官の状態が反映されている。施術前後で可動域が変化していれば、周囲の器官の状態も良くなっていくものと判断できる。

③可動域が変化する↓器官の状態が整う↓症状や痛みが変化する、という流れを施術家とクライアントの両者が知っておくと、表面の症状に惑わされずに原因を整えやすくなる。

④可動域検査は、立位・座位・仰臥位（あおむけ）で行う。検査をする関節ごとに対応する部位や症状がある。

第5章

実践編

エネルギー調整をやってみよう

潜在意識に原因を尋ねる方法

潜在意識に身体の言い分を聞く

人の意識は、おおまかに顕在意識と潜在意識の二つに分けることができます。顕在意識とは、今私たちが自覚することができている意識です。思考、自我、性格など「これが私である」と感じている部分です。

潜在意識とは、無意識と呼んでいる領域です。これまでに起こった出来事、感情、自覚しなくなった考えなどはすべて潜在意識に保存されていると言われ、知らない間に私たちの言動や考え方、体調などに影響を及ぼしています。

また、集合的無意識（集合意識）と呼ばれるものもあります。個人個人の潜在意識がつながりを持ち、お互いに共有している意識があるという考え方です。

意識を流氷にたとえると、次のように表現できます。

- **顕在意識＝水面からほんのちょっと顔を出している氷**
- **潜在意識＝水面下の大きな氷のカタマリ**
- **集合意識＝海水**

よりわかりやすい言い方をすると、顕在意識は頭、潜在意識は身体です。
例えば、健康的な食事をしようとする時、頭（顕在意識）は知識や覚えている範囲のこと、または本やインターネットなどで情報収集をすることで食べ物を決定しようとします。それに対して、身体（潜在意識）は「何を食べた時にどのような影響があったか」を蓄積したデータベースから、今必要な栄養や物質が含まれた食べ物を「無性にコレが食べたい」という形で訴えます。

どちらがより効率が良いかといえば、身体の「無性にコレが食べたい」に従うほうです。潜在意識には、顕在意識ではカバーしきれない情報が詰まっています。

症状が現れている時、顕在意識では治りたいと思っていても、潜在意識には症状を出さなければならない理由がある、ということもあります。以下のように、顕在意識と潜在意識の言い分が違うことは珍しくありません。

- 頭は「もっと頑張らなければ」と思っているけれど、これ以上頑張りすぎると命に関わるから、動けないようにめまいを起こす。
- 「つらく感じていたら生活がやっていけないから、わからないようにマヒさせてしまおう」と頭が感じなくなってしまったストレスが、身体には蓄積され続けている。

・頭は「頑張って働くことが私の価値だ」と思い込んでいるが、身体は「元々持って生まれたリズムに沿ってゆっくりした生活がしたい」と言っている。

潜在意識のほうが影響力が強いために、頭がどんなに「治りたい」「動いてくれないと困る」と策をめぐらせても、身体の訴え＝症状のほうが強く表に現れてきます。

潜在意識に症状の原因を尋ねると、頭の出した答えと違う答えが返ってくることもあります。これは、顕在意識が見たくないものを潜在意識に押し込んでフタをしているから。しかし、フタをしても無かったことにはなりません。潜在意識は、頭が理解して対処するまで「こんなことが苦しいよ」と症状というサインを出し続けます。

逆に言えば、頭が身体の言い分をしっかりと受け止めて行動に移しさえすれば、症状は勝手に整っていくのだとも言えます。

すべては「設定」＝自分ルールに沿って動いている

私たちは、誰もが自分の「設定」を元に生活しています。設定とは、自分にとっての常識、ルール、世界観です。設定は持って生まれた性質や環境によって人それぞれですし、時間の流れによっても変化していきます。

例えば、同じ環境で一緒に仕事をしているAさんとBさんがいます。この二人がCさんという上司から同じような注意を受けたとします。

「人はみんな私に優しくしてくれる」という世界観を持っているAさんは、Cさんの注意を「私のことを思って気をつけてくれたんだ」と受け止め、自分のますますの向上に役立てるでしょう。

「人はみんな私を怖がらせる」という世界観を持っているBさんは、Cさんの注意を「私をいじめてツライ目に合わせようとしている」と受け止め、時にはストレスから体調を崩してしまいます。

もしAさんとBさんがお互いの世界観を交換したら、「こんな世界はあり得ない。夢に違いない」と思うでしょう。たとえ同じ空間、同じ状況に置かれたとしても、持っている設定・世界観によって、世界は全く違う場所に見えるのです。

このように、自分に起こること、自分が起こす行動、自分の身体に現れる反応や症状は、知らず知らず潜在意識にインプットしている設定に沿っています。

これは基本的に無意識のものではありますが、自らすすんで設定することもできます。この設定と、キネシオロジーを応用して行うのが、潜在意識に尋ねる検査法です。

キネシオロジーを応用して潜在意識に尋ねる

キネシオロジーとは、人間の身体の動きからその人の心や体の状態を把握し、改善に導いていく療法です。

人の身体は、自分にとって「良い」と感じるものに触れると筋肉に力が入りやすくなり「イヤだ」と感じるものに触れると力が入りにくくなるという特性を持っています。この特性を応用して、症状の原因を探っていく方法が筋肉反射テストです。

その最も有名な方法はオーリングテストでしょう。指でアルファベットのOを作って質問をしながらOをこじ開けようとした時、イエスなら力が入るから指が開かない・ノーなら力が抜けるから指が開く、という反応から、その人が抱えている症状の原因を探していきます。

その他、前に突き出した腕を押す、手首を軽く引っ張る、特定の感情が反映される筋肉の反応を見るなどの方法があります。

キネシオロジーは、それだけでも素晴らしい検査方法です。私もはじめは、ベッドに寝ているクライアントの手首を持ち、軽く引っ張った時の手首の伸び方や抵抗感などからイエス・ノーの答えを得ていました。しかし、長時間前屈みの状態を続けているうちに、腰に嫌な痛みや疲労感を感じるようになりました。

「なんとかクライアントのほうに屈みこまずに、いっそのことクライアントに触れることなく、キネシオロジーを行えないだろうか？」と考えた結果、キネシオロジーと潜在意識、集合意識、設定を応用して、その人の潜在意識に尋ねていく方法を編み出しました。

◎前提

- 人の身体には、潜在意識の状態が反映される。
- 人の潜在意識は、集合意識でつながっている。
- 設定によって、自分の身体に現れる反応を変えることができる。
- 筋肉の反応を通して、人の潜在意識にイエス・ノーを尋ねることができる。

◎設定をする

「私は施術に入る時、自動的にクライアントの潜在意識とつながる。クライアントの筋肉反応が、私の身体に反映される」

「クライアントの身体がイエスと反応したら、私の首が頷くように前に倒れる。ノーなら反応しない」

このような設定を決めたら、実際の身体の動きを伴わせます。家族などに手伝ってもらうと良いでしょう。

例えば、妻をクライアントに見立て「あなたは女性ですか？」と尋ね、ほんの少しだけ意識して首を前に倒す。「あなたは男性ですか？」と尋ね、首を動かさない。その他、イエスという返事が返ってくるとわかっていることには首をほんの少し動かし、ノーという返事に決まっていることには首を動かさない、ということを続ける。

設定作業を何度か繰り返していくと、潜在意識と身体に反応がインプットされていきます。すると、自分の顕在意識が答えを知らないことにもイエス・ノーの答えが返ってくるようになります。この時、気をつけたいのは、正解を出そうと力んだり焦ったりしないことと、答えに対する先入観を持たないこと。身体からの返事を素直に受け取ることです。

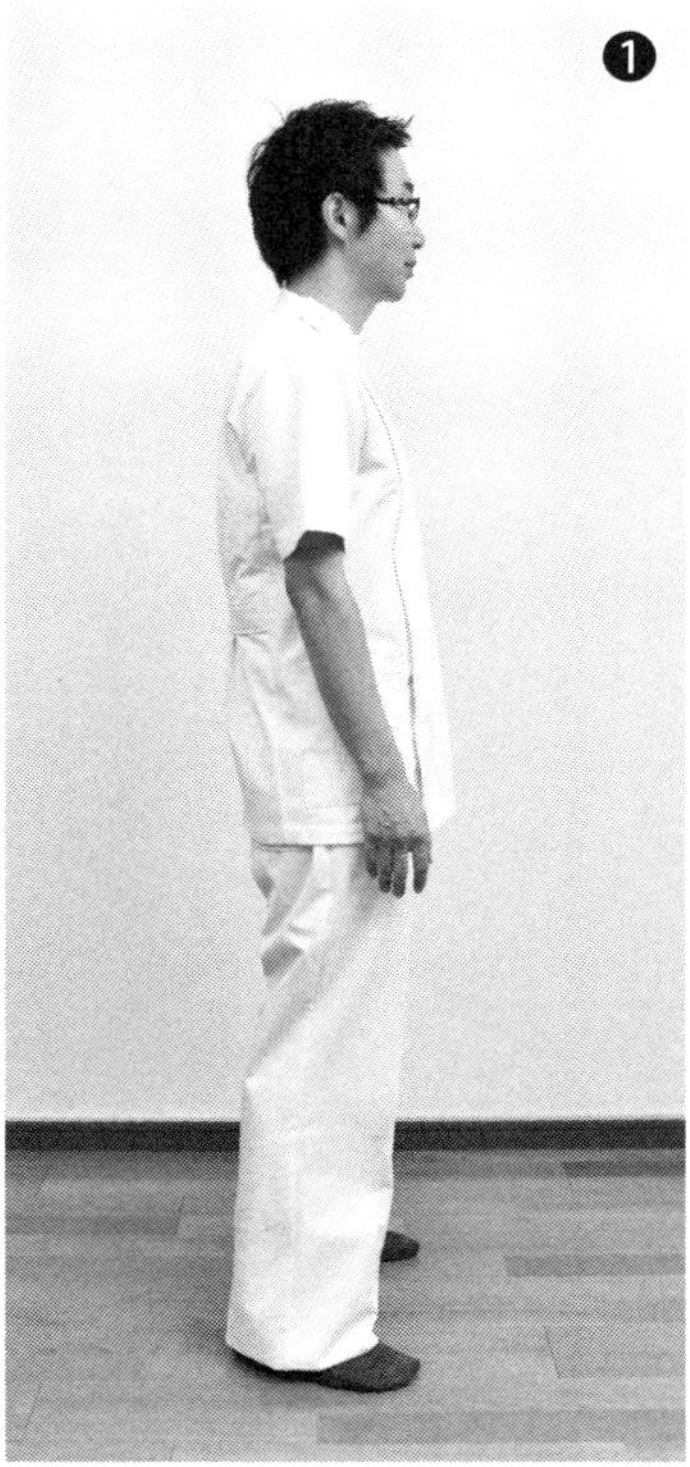

「答えがイエスなら頷く」という反応を、潜在意識にインプットしておく。

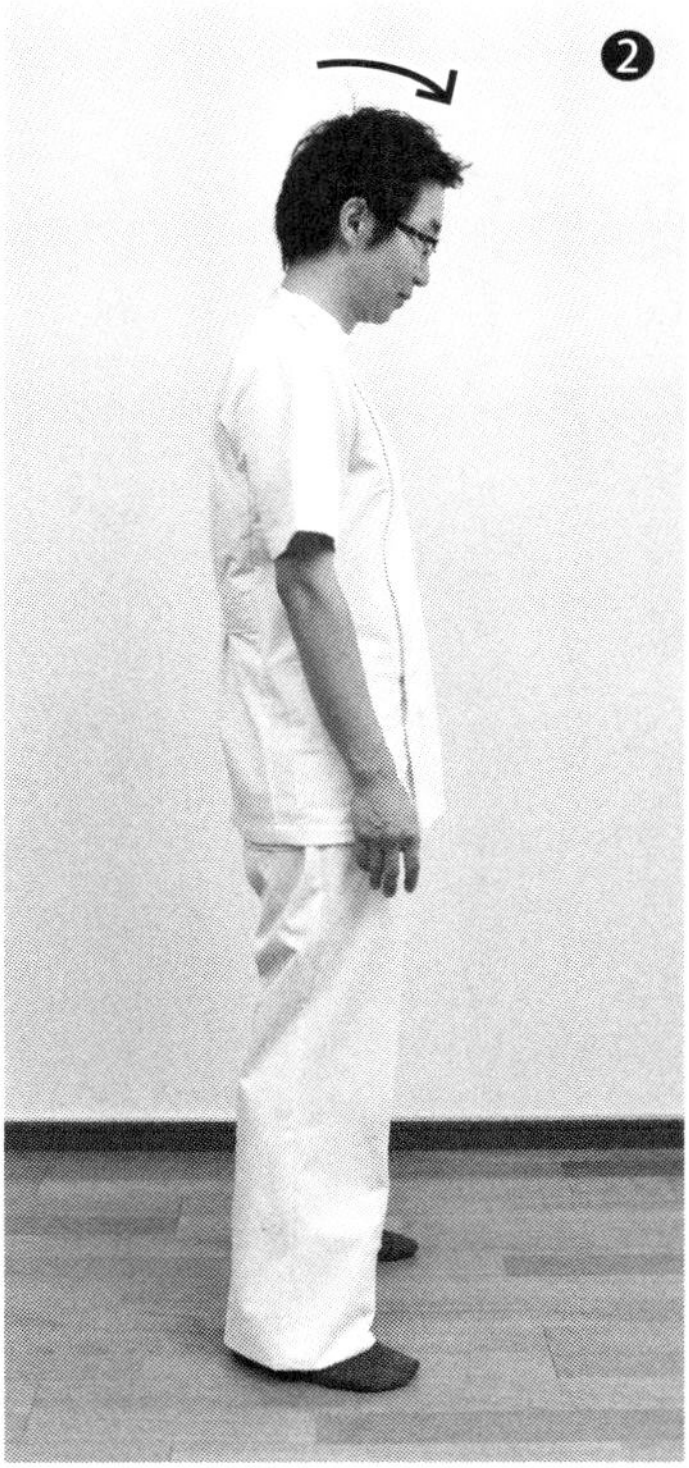

イエスの場合は頷く動作が起こる。顕在意識で知らないことでも、身体が答える。

◎実践

ストレスや食生活などを特定する時、施術するべき経絡やチャクラを端的に洗い出したい時などに使用します。

・例1

「症状の原因はストレスですか？」「食生活ですか？」「考えグセですか？」

↓ストレスにイエス

「影響が最も強いストレスは、人間関係ですか？」「仕事ですか？」「家庭内の問題ですか？」

↓仕事でイエス

「業務内容ですか？」「時間の長さですか？」「職場の人間関係ですか？」

↓業務内容でイエス

ここまで特定できたら、クライアントに「仕事のストレスがかなり影響しているようですが、業務内容が合っていない感じはしませんか？」と尋ねてみましょう。

我が意を得たりとストレスについて話してくれることもあれば、ピンとこない人もいます。クライアントがピンとこないから検査が外れている……というわけではありません。むしろ、顕在意識が認識できないストレスほど身体に大きく影響します。

・例２

可動域検査で、施術するべき経絡が腎経・膀胱経・肝経など、複数出てきた時に、尋ねてみます。

「この症状を最も効果的に回復するには、どの経絡を施術すべきですか？」「腎経ですか？」「膀胱経ですか？」「肝経ですか？」

↓腎経でイエス

反応のあった腎経を施術することによって、より的確な施術を行えます。

より実践的な尋ね方3パターン

実践の中で潜在意識に尋ねる検査を行う時に、おすすめな三つのパターンです。

①可動域検査の後、「引っかかった可動域すべてを整えるには、どこを一番に施術したらいいですか？」と、引っかかった場所一つ一つをイエス・ノーで尋ね、絞り込む。複数残った場合は一つになるまでイエス・ノーを繰り返す。

最後にイエスが出た箇所に施術を行い、可動域検査で変化を確認する。

可動域検査で引っかかりがあった場所を、手早くクリアにしていく尋ね方です。この方法だと、クライアントが無自覚な不具合や不調までカバーできます。

②可動域検査の後、「この症状を最も効果的に改善するには、どこを一番に施術したらいいですか？」と、引っかかった場所一つ一つをイエス・ノーで尋ね、絞り込む。複数残った場合は一つになるまでイエス・ノーを繰り返す。

最後にイエスが出た箇所に施術を行い、可動域検査で変化を確認する。一番整えたい症状を優先してアプローチしていく尋ね方です。

③可動域検査後、可動域そのものよりも身体の手ごたえ（むくみ、力が入っていない、反発してくる、過緊張など）のほうが気になった時、「このむくみを改善するには、どこを一番に施術したらいいですか？」と、引っかかった場所一つ一つをイエス・ノーで尋ね、絞り込む。複数残った場合は一つになるまでイエス・ノーを繰り返す。
部分的な症状よりも、身体全体の疲労や緊張を整えて、体調の底上げをしたい時におすすめの尋ね方です。

潜在意識に尋ねる検査の精度を上げるには？

潜在意識に尋ねる検査を使いはじめの頃は「本当に当たっているんだろうか」と不安になったり、「いまいちハッキリとした返答がない」と首をかしげたくなることも多いでしょう。

潜在意識に尋ねる検査の精度を上げるには、とにかく練習を重ねること、検査からのイエス・ノーに自信を持つことしかありません。

施術の中で活用するのが最も効果的ですが、他にも以下のように日常生活の中のこまごました場面でこまめに検査を行うことで、練習を積み重ねることができます。

・花の水やりをする時に「水は必要？」と尋ねる。
・外食に行ったら「私を一番元気にしてくれるメニューはどれ？」と尋ねる。
・食材の買い物に行ったら「このキャベツとあのキャベツ、どっちがおいしい？」と尋ねる。
・何を食べようか迷ったら「肉？　魚？　炭水化物？　野菜？」と尋ねる。
・好きな香水やアロマオイルをいくつか並べて「今日の私に一番ぴったりの香りはどれ？」と尋ねる。
・誰かにトランプのカードを一枚引いてもらって、そのカードがクラブ・スペード・ダイヤ・ハートのどれなのかを尋ねる。

本章のまとめ

①潜在意識（無意識）には、これまでに起きた出来事すべてが記録されており、その状態が身体に反映される。対して顕在意識（意識）は頭が覚えている範囲、考えられる範囲のことを把握している。顕在意識よりも潜在意識のほうが大きく影響力が強い。

②私たちは皆、「世界はこういうものだ」という設定＝自分ルールに沿って動いている。

③キネシオロジーとは、自分にとって良いものに触れると筋肉に力が入りやすくなり、嫌なものに触れると力が入りにくくなるという特性を生かし、身体にイエス・ノーを尋ねる検査法である。

④潜在意識に尋ねる検査法で、クライアントが頭で自覚しきれていない原因や不具合のある箇所などを見つけることができる。

第6章

実践編

エネルギー調整をやってみよう

「触れるだけ」の気功を応用したエネルギー調整

軽く触れるだけでエネルギーの詰まりをとる方法

人の身体には、血管を血液が流れているように、経絡やチャクラといったエネルギーパイプを気（エネルギー）が流れています。このパイプの詰まりをとり、エネルギーの滞りによって現れていた不具合や症状を改善していくのが、エネルギー施術です。

エネルギー施術としてよく知られているのは気功でしょうか。気功は、地球や宇宙や自然の中に満ちているエネルギーを施術者というパイプを通してクライアントに流し、エネルギーの詰まりを整えていく方法です。今回ご紹介する施術方法も、気功をベースにしています。

◎施術前の準備

まず、自分の身体に流れている気を感じてみましょう（左ページ参照）。

これを数分続けていると、身体がポカポカする・手のひらがジンジンしてくる・鼻の通りが良くなるなどの変化を感じてきます。これは、身体の中の気の流れが活発になったからです。

エネルギーを感じることに抵抗がなくなったら、実際に施術を行ってみましょう。

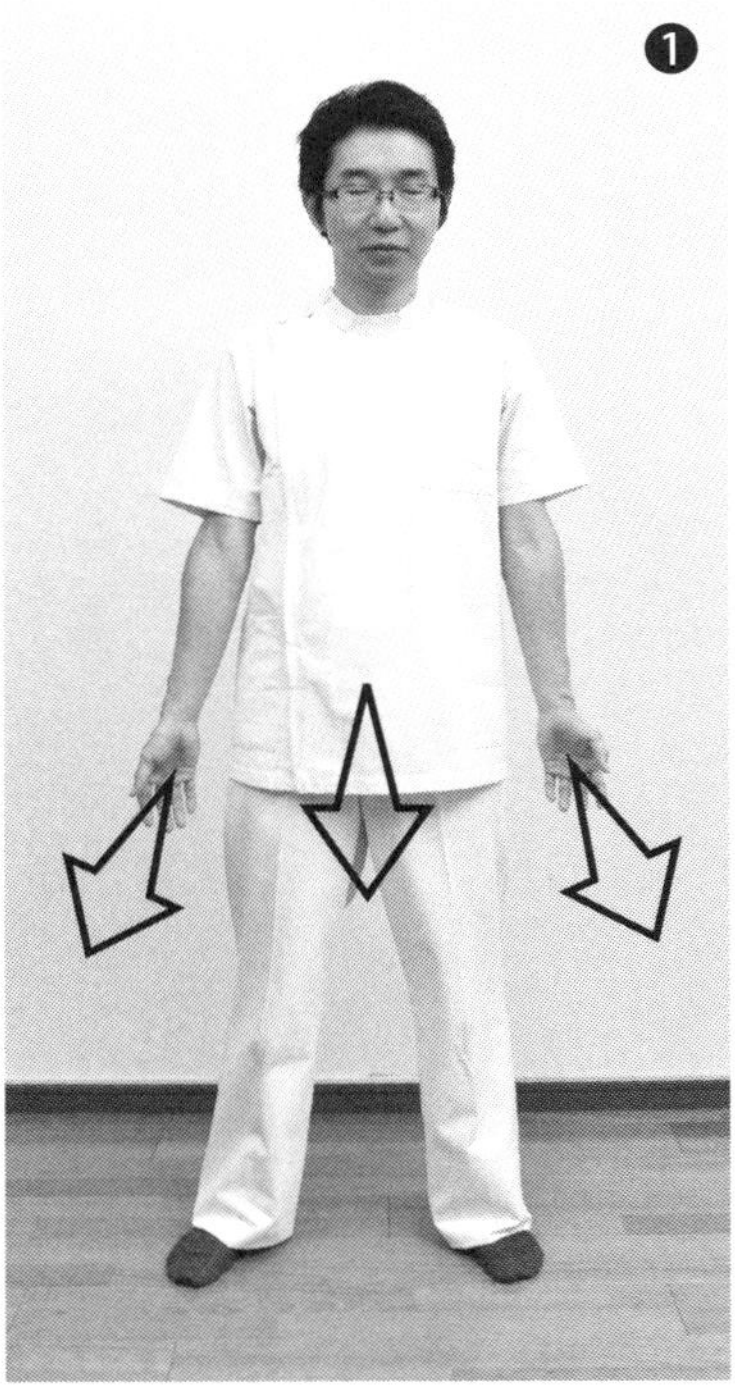

足を肩幅に開いて立つ（背筋を伸ばして椅子に座ってもよい）。ゆっくりと13秒かけて息を吐きながら、おへそ・両手のひらからエネルギーが外に放出されているイメージをする。

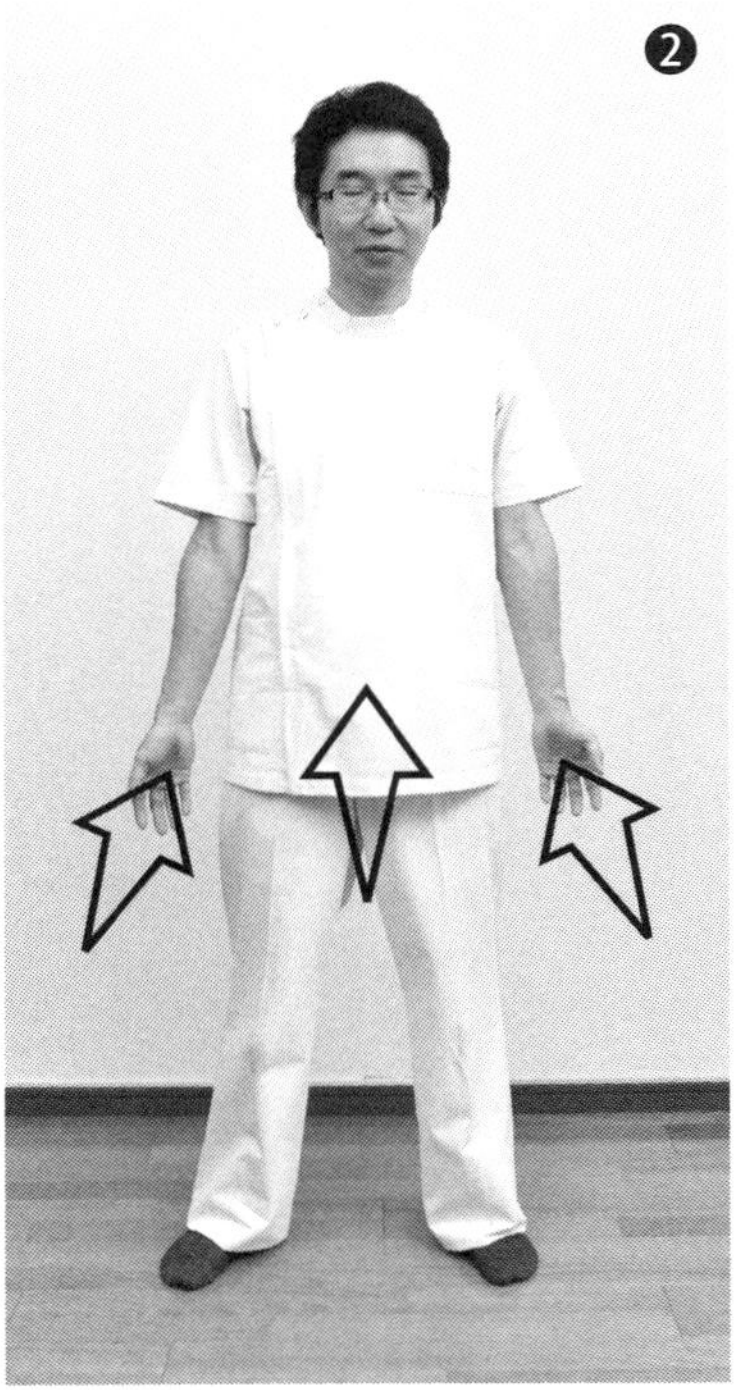

７秒かけて息を吸いながら、おへそ・両手のひらにエネルギーが入ってくるイメージをする。

◎施術方法

調整部位が複数ある場合、しらみつぶしに施術を行っても良いですが、潜在意識に尋ねる検査で「この症状を最も効果的に軽くできる調整部位はどれですか？」と絞り込むのもおすすめです。

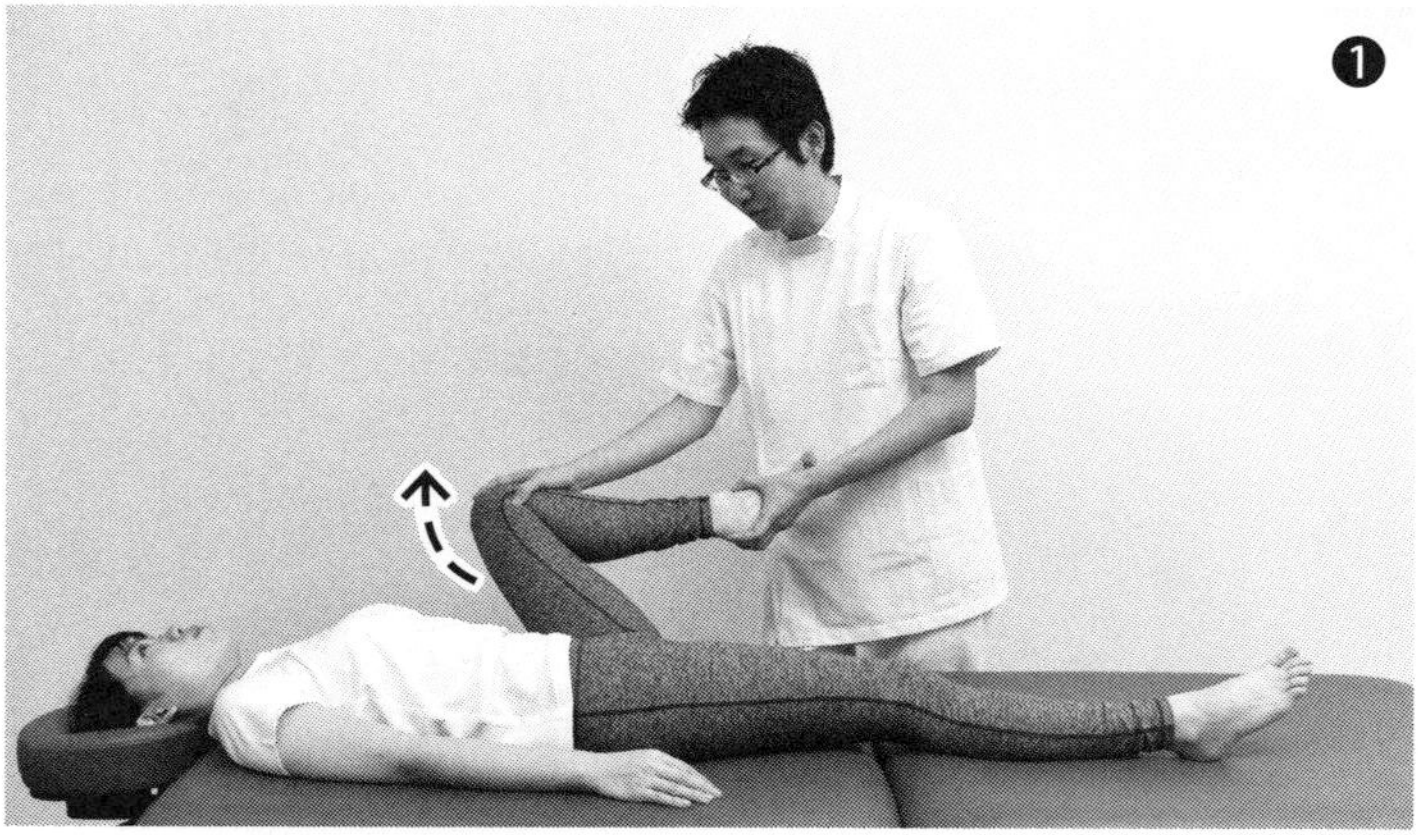

可動域検査や潜在意識に尋ねる検査で、調整部位（調整するポイント）を見つける。写真は、仙腸関節の可動式検査で動きが悪かった場合。

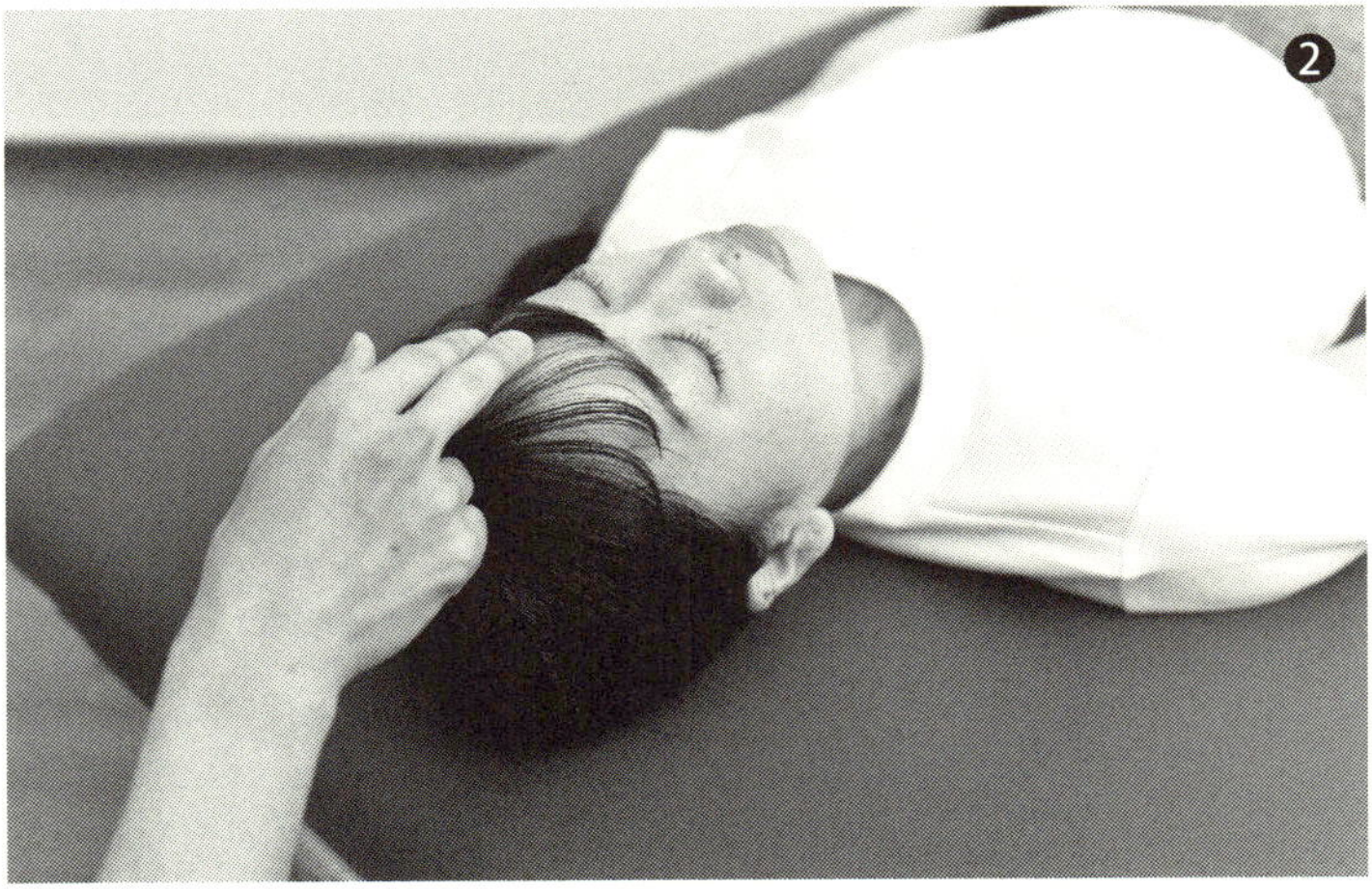

人差し指や中指など使いやすい指先で、調整部位に蝶が止まっているくらいの軽さで触れる。エネルギーの流れを感じながら、深呼吸を１～３回する。写真では、前頭骨を調整。

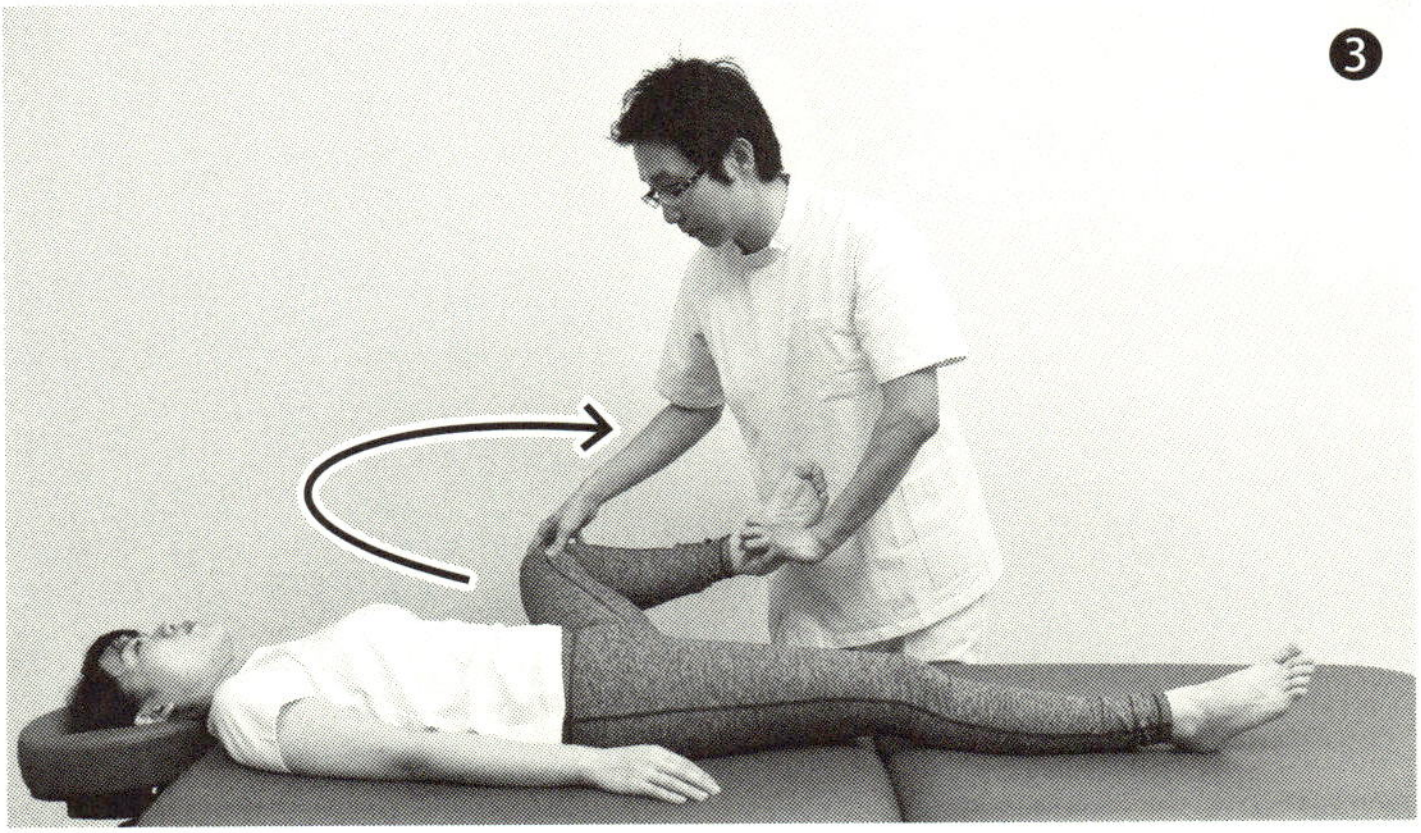

再度、可動域を検査し、動きが良くなっていれば完了。「動きが変わったのがわかりますか？」と変化をクライアントに伝える。動きが変わらなければ、次の調整部位に施術をして、また可動域検査を行う。

エネルギー調整の部位一覧（経絡・チャクラ・クラニアル）

可動域検査・潜在意識に尋ねる検査で経絡・チャクラ・クラニアルを洗い出したら、その部分に作用する調整部位に施術を行います。調整部位は別表の通りです。

■三つのグループと調整部位解説

①クラニアルの調整部位

調整部位	対応する臓器など	効果
前頭骨 （おでこ〜頭頂近く）	脳の緊張緩和	交感神経の鎮静 ※脳が緊張していると硬くなる
蝶形骨 （こめかみと頬骨の間）	脳脊髄液の流れ	脳神経の働きを良くする
側頭骨 （左右の耳のうしろ）	消化器（引き上げ）　平衡感覚 ※右側…右の内臓全般／左側…左の内臓全般に関係	
頭頂骨 （頭のてっぺん：ブレグマ）	全体のバランス	ストレス吐き出し ※体の回復能力を高める
後頭骨 （頭の後ろのでっぱり）	仙骨を緩める	リラックス ※仙骨は副交感神経が集まっている

②経絡の調整部位

調整部位		対応する臓器など	効果	関連する症状
背骨	任脈（あごの真ん中） お腹側の背骨を通る経絡（あごの下～尾骨まで）	脳脊髄液の流れ	脳機能の底上げ 脳疲労の回復	
背骨	督脈（百会：頭のてっぺん） 背中側の背骨を通る経絡（尾骨～百会まで）	背骨のライン	神経機能全般の底上げ	
手	肺経（親指）	呼吸器（肺）	ストレス吐き出し 肺の浄化	アトピー・ アレルギー 喘息
手	大腸経（人差し指）	消化器（大腸） ※免疫に関係	ストレス吐き出し 腸の排毒	便秘 潰瘍性大腸炎
手	心包経（中指）	生殖器	ストレス軽減（親子・性関係） ※心臓と同様にストレスが蓄積される ※体全体のエネルギーの流れに関係	
手	三焦経（薬指）		血流を良くする	
手	心経（小指内側）	心臓	ストレス軽減 ※心臓はストレス・トラウマが蓄積されるところ	
手	小腸経（小指外側）	消化器（小腸）※免疫に関係		
足	腎経 （内くるぶしの後ろのくぼみ）	泌尿器（腎臓）	生命力を上げる	むくみ 不眠 耳鳴り 冷え
足	脾経（親指内側付け根）	消化器（膵臓）		低血糖 イライラ 不安
足	肝経（親指）	消化器（肝臓）	筋肉を柔らかくする ※生殖器を整える	
足	胃経（人差し指）	消化器（胃）	ストレス軽減 ※胃はストレスを最初に受ける臓器 ※歯・鼻・目・のど、胃腸などの消化器を整える	
足	胆経（薬指）	消化器（胆のう） ※背中上部・耳・体の横側・骨盤に関係		
足	膀胱経（小指）	泌尿器（膀胱） ※背中に関係		背中の違和感 膀胱の不調

③チャクラの調整部位

調整部位	対応する臓器など	効果
第１チャクラ（会陰）	排泄器	体の土台を作る ※触れないので心包経（生殖器）で代用
第２チャクラ（下丹田）	生殖器	生命力を上げる ※触れないので後頭骨（仙骨）で代用
第３チャクラ（みぞおち）	消化器(引き上げ)	中心軸を整える
第４チャクラ （乳頭と乳頭の中間）	呼吸器（肺） 心臓	ストレス軽減 ※心臓に溜め込んだストレス／抵抗がある場合 心経（心臓）で代用
第５チャクラ（のど）	甲状腺 呼吸器（気管）	ストレス吐き出し ※甲状腺に溜め込んだストレス
第６チャクラ（左右の目の間）	視床下部 下垂体 松果体 脳脊髄液の流れ	脳神経の働きを 良くする
第７チャクラ （頭のてっぺん：ブレグマ）	全体のバランス	ストレス吐き出し ※体の回復能力を高める

症状別の調整部位

調整部位は可動域検査と潜在意識に尋ねる検査で見つけていきますが、症状別にある程度絞り込むことができます。

必ずしも「この症状で悩んでいるなら、この調整部位に施術を行えば良い」とは限りませんが、はじめにクライアントの悩みに合わせて症状別の調整部位に施術を行った後、可動域検査で引っかかりが残った場所に施術をしていくと効率が良くなります。

■症状別施術の手順と対応調整部位

うつ・パニックの施術	クラニアル	経絡	チャクラ
①神経・内蔵機能の回復	蝶形骨 頭頂骨	任脈 肺経 大腸経 胃経	4・7
糖質のとり過ぎの場合	側頭骨	小腸経 脾経 肝経	3
②首の過緊張の緩和	前頭骨 側頭骨	三焦経 心経 胆経 膀胱経	5・6
③生命力を上げる	後頭骨	心包経 腎経	1・2

アトピー・アレルギーの施術	クラニアル	経絡	チャクラ
①-1クライアントが長子の場合	側頭骨 後頭骨	大腸経 三焦経 小腸経 肝経	2・3
①-2クライアントが子供の場合	前頭骨 蝶形骨	肺経 心包経 心経 胃経	4・5
①-3クライアントが大人の場合	蝶形骨 側頭骨 頭頂骨	肺経 大腸経 腎経 肝経	3・4・7
糖質のとり過ぎの場合	側頭骨	小腸経 脾経 肝経	3
②症状が出ている箇所の経絡の施術	顔・首	任脈 督脈 三焦経 胆経	
	肘	肺経 大腸経 小腸経 （ストレスが多い時：心包経 心経）	
	膝	脾経 肝経 膀胱経	
③腸内環境の改善	後頭骨	心包経 胆経 膀胱経	1・2

めまい、耳鳴り・難聴の改善	クラニアル	経絡	チャクラ
①ストレスの状態を聞く（心配事、不安、頭の中で考え続けてしまうこと等）			
②耳鳴りの状態を聞く（音の高い低い、耳の左右、鳴るタイミング等）			
③ストレスを減らす ※耳鳴り	蝶形骨 側頭骨（※） 頭頂骨	肺経 大腸経 腎経（※） 胃経	2（※） 3・4
④首・頭蓋骨・骨盤の可動域の改善	※可動域検査法に準じる		

不眠の施術	クラニアル	経絡	チャクラ
①神経・内蔵機能の回復	蝶形骨 頭頂骨	任脈 肺経 大腸経 胃経	4・7
②首の過緊張の緩和	前頭骨 側頭骨	三焦経 心経 胆経 膀胱経	5・6
③副交感神経優位にする	後頭骨	督脈 心包経 小腸経 腎経	1・2・3

頭痛の施術	クラニアル	経絡	チャクラ
①ストレスを減らす	頭頂骨 蝶形骨	肺経 大腸経 胃経	3・4
②仙腸関節・骨盤・肩・首の可動域の改善	※可動域検査法に準じる		

常に自分とクライアントに問いかけ続ける

エネルギー調整には、「万人に当てはまる正解」というものがありません。

同じようにめまいでお悩みのAさんとBさんに同じ施術を行っても、Aさんはすぐに改善したのにBさんは回復が遅いということもあります。たとえ表面に出ている症状が同じでも、違う環境で違う生活をしていれば、原因や身体の中に起こっている不具合は違うからです。

また、施術者のエネルギーよりもクライアントのエネルギーのほうが大きい場合、押し負けてしまい、施術がうまくいかない場合もあります。こういった場合はエネルギーを流す時間を長めにとったり、施術者自身がエネルギーを大きくするためのトレーニング（後述します）をしっかり行う必要があります。

施術を行っていく中で、この本に書いてあるものとは違うパターンや法則が見えてくることもあります。そんな時は迷わずご自身の感覚を信じてください。同じ症状でもクライアントによって原因が違うように、同じ結果を出すにしても施術者によって筋道や方法は違ってくるものです。検査や施術の繰り返しによって経験値が溜まってくると、「この症状にはこういうパターンがあるな」「この可動域はもっと広がるし動きも滑らかになるはず」といった基準ができてきます。

特にインプットしておいて欲しいのは、「最も健康な人の身体の状態」「最も回復した人の身体の状態」です。健康な人の可動域はどのくらいなのか。変化はどのくらいの幅で起こるものなのか。この基準と比べて目の前のクライアントはどんな状態なのかを把握できると、施術計画も立てやすくなりますし、クライアントにも「本当はもっと動くのですが、かなり動きが制限されていますね」といった説明がしやすくなります。

常にご自身とクライアントに問いかけるつもりで、検査と施術を行ってみてください。

エネルギー調整の施術・上級編

施術や検査は、その人の興味や経験、知識量によってカスタマイズされていきます。可動域検査・潜在意識に尋ねる検査・エネルギー調整に慣れてきたら、よりご自身に合った方法に応用してみましょう。

以下は、私が実際に行っている施術の例です。

◎上級編①……解剖知識・エネルギーを感じるのが得意な方向け

①可動域検査で引っかかる部位を見つける。

②「引っかかっている可動域が一挙に改善する場所で手が止まる」とあらかじめ設定しておき、身体の20センチほど外側を手のひらでなぞっていく。

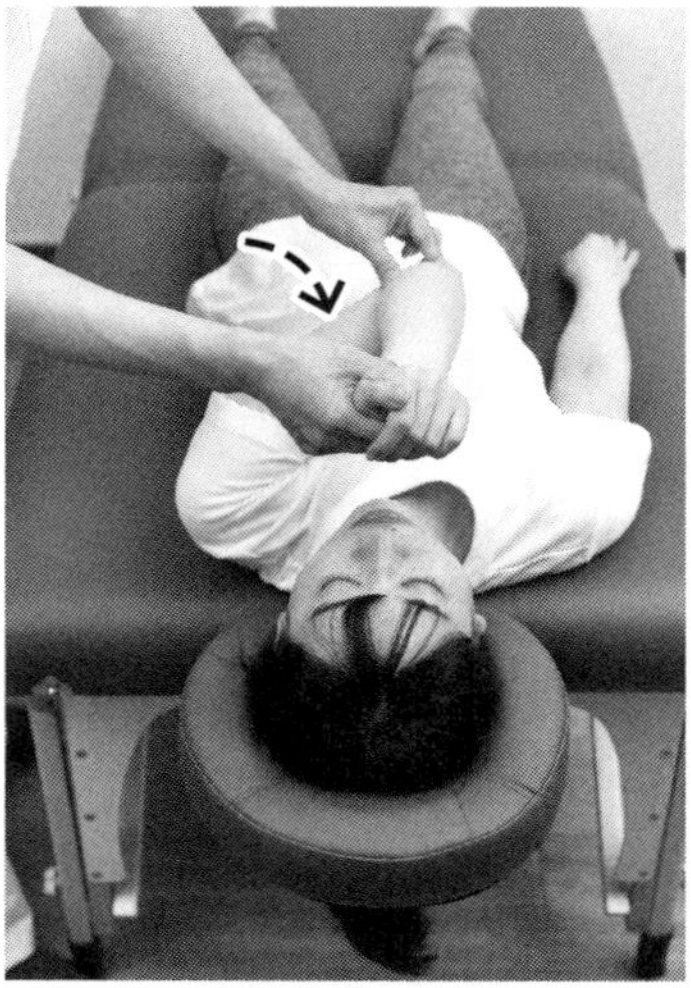

可動域検査を行う。写真は、肩関節の内回しで動きが悪い場合。

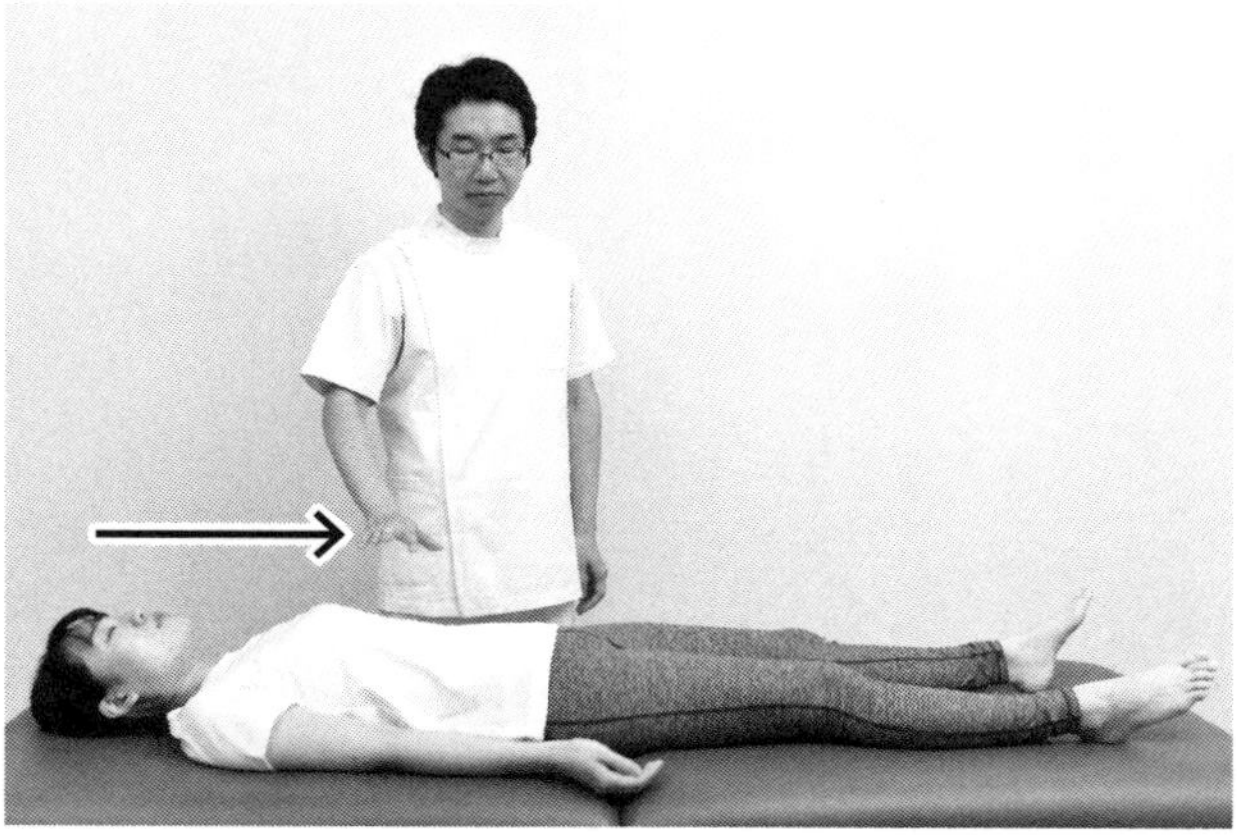

身体表面から少し離して手でなぞり、調整が必要な部位で手が止まると設定しておく。その部位が整っていくイメージをする。「施術者の呼吸がしやすくなったら、エネルギーが通った」と設定しておく。

③手が止まったところの構造（骨格・筋肉・内臓・神経・血管など）をリアルに思い描き、健康な状態に整っていくイメージをする。

④「呼吸にエネルギーの通りが反映される。息をふーっと長く吐きながらエネルギーを流し、息がしづらい感じ、弾かれる感じが消えたら施術完了」と設定しておき、エネルギー調整を行う。

⑤可動域検査を行い、変化を確認する。

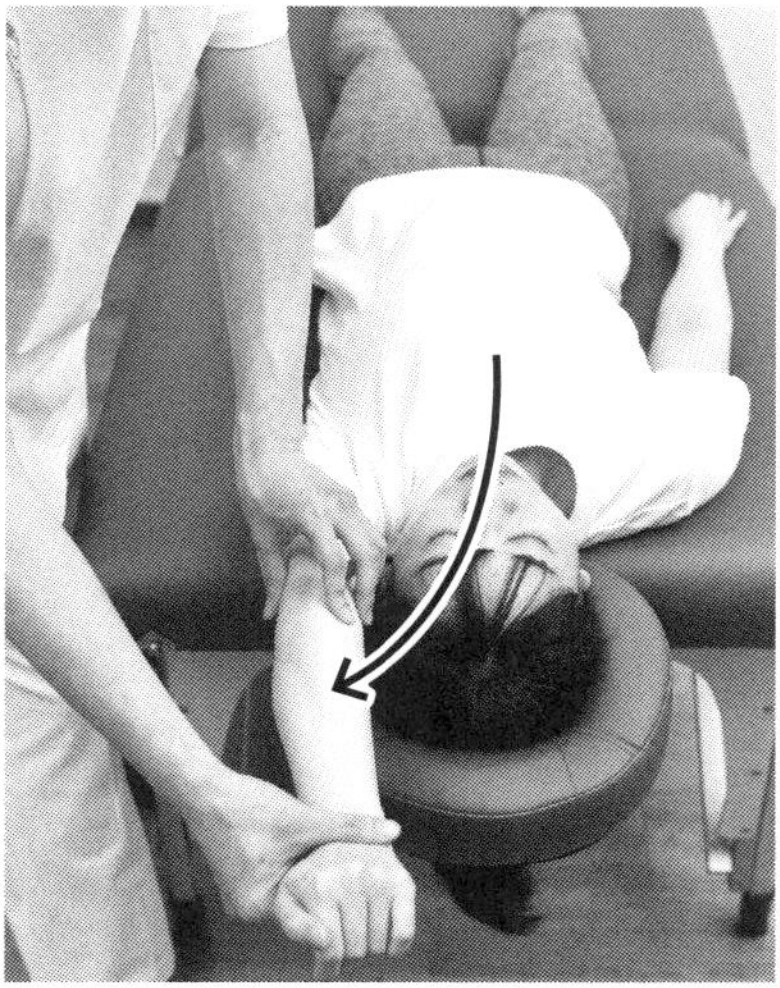

再度、可動域検査を行う。肩関節の内回しの動きが良くなったことを確認する。

◎上級編②……潜在意識に尋ねる検査が得意な方向け

①可動域検査で引っかかる部位を見つける。

②「引っかかっている可動域を一挙に改善するには、どこに施術をしたらいい？」と尋ね、以下の内容をイエス・ノーで検査する。「経絡？」「チャクラ？」など一つずつ尋ねていく。

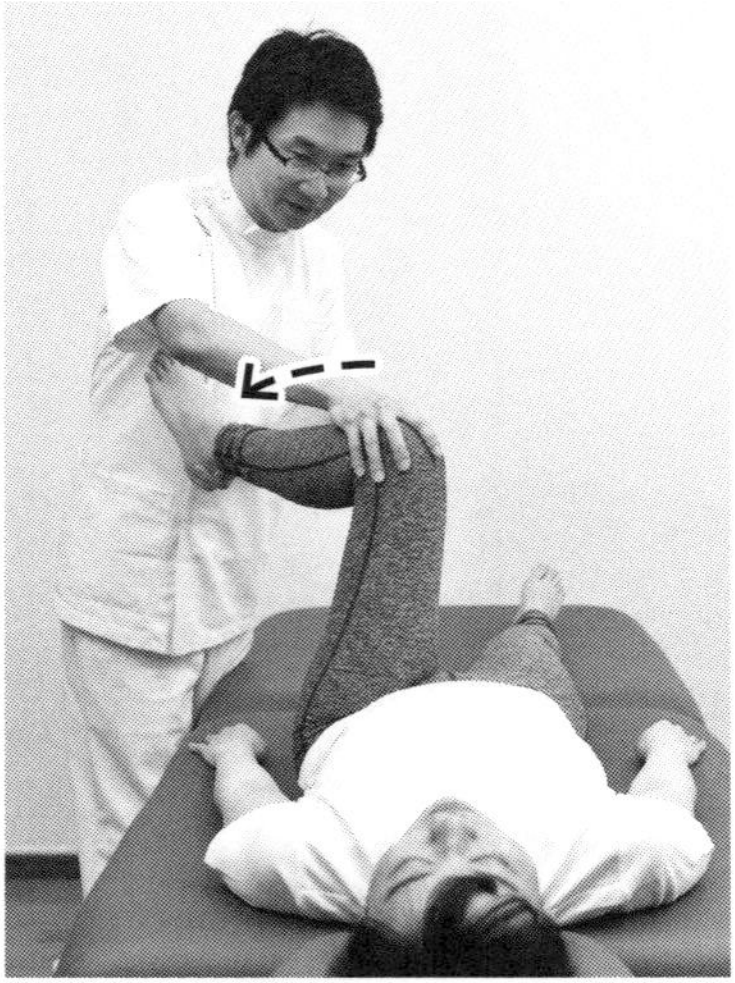

可動域検査を行う。写真は、股関節の外回しで動きが悪い場合。

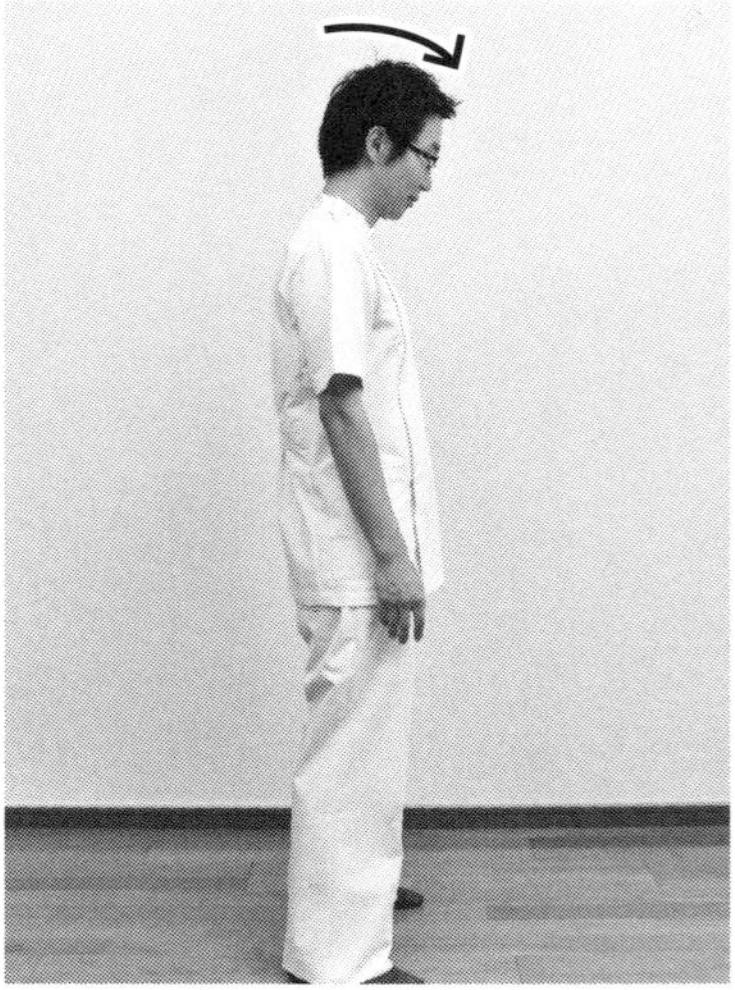

潜在意識に施術すべきところを尋ねていき、該当すると頷く動作が起こる。

■経絡／チャクラ／クラニアル／脊椎／内臓／ストレス　↑以上のどれか？

■経絡にイエスなら……任脈／督脈／脾経／胃経／肝経／胆経／腎経／膀胱経／肺経／大腸経／心経／小腸経／心包経／三焦経　↑以上のどこに施術するか？

■チャクラにイエスなら……第一チャクラ／第二チャクラ／第三チャクラ／第四チャクラ／第五チャクラ／第六チャクラ／第七チャクラ　↑以上のどこに施術するか？

■クラニアルにイエスなら……前頭骨／蝶形骨／側頭骨／頭頂骨／後頭骨　↑以上のどこに施術するか？

■脊椎にイエスなら……頸椎／胸椎／腰椎／仙骨　↑以上のどこに施術するか？

・頸椎にイエスなら……一番／二番／三番／四番／五番／六番／七番　↑以上のどこに施術するか？

・胸椎にイエスなら……一番／二番／三番／四番／五番／六番／七番／八番／九番／十番／十一番／十二番　↑以上のどこに施術するか？

・腰椎にイエスなら……一番／二番／三番／四番／五番　↑以上のどこに施術するか？

■内臓にイエスなら……心臓／肺／胃／肝臓／胆のう／膵臓／小腸／大腸／腎臓／膀胱／子宮／卵巣／精嚢／前立腺　↑以上のどこか？

■ストレスにイエスなら……家庭／仕事／人間関係／過去のトラウマ　↑以上の何が原因か？

・家庭にイエスなら……夫／妻／父／母／義父／義母／息子／娘／祖父／祖母／ペット　↑以上の誰が原因か？

・仕事にイエスなら……上司／同僚／部下／取引先／金銭面／仕事内容　↑以上の何が原因か？

・人間関係にイエスなら……友達／恋人／近所の人／先生　↓以上の誰が原因か？

・過去のトラウマにイエスなら……一歳～九歳／十代／二十代／三十代／四十代／五十代／……　↑以上のいつの出来事が原因か？

③特定した部分にエネルギーを流す。ストレスにイエスだった場合は、その原因が解決してクライアントが笑顔になっているところを想像しながらエネルギーを流す。

これらはあくまでも一例です。ぜひ、あなたにとって最も効果的で最も楽しい施術方法を探してみてください。

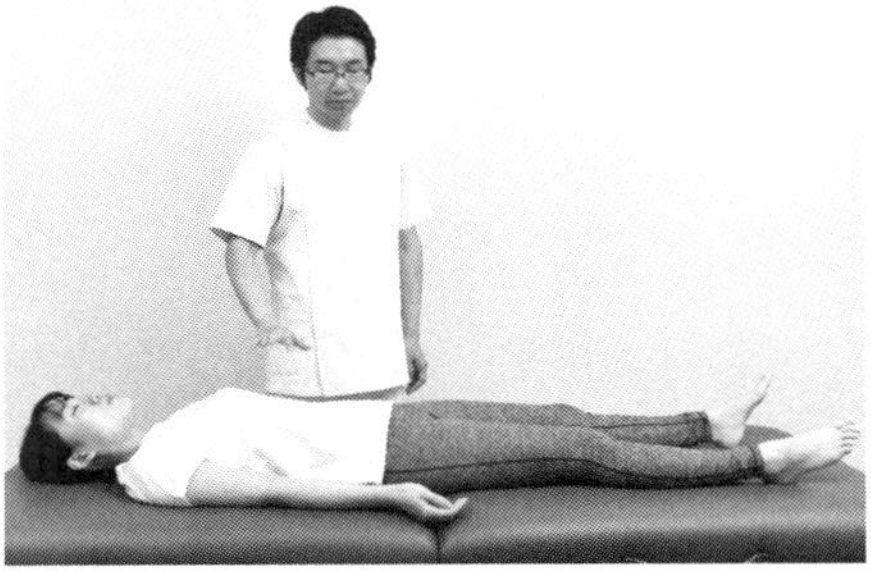

潜在意識がイエスと答えた部分にエネルギーを流す。

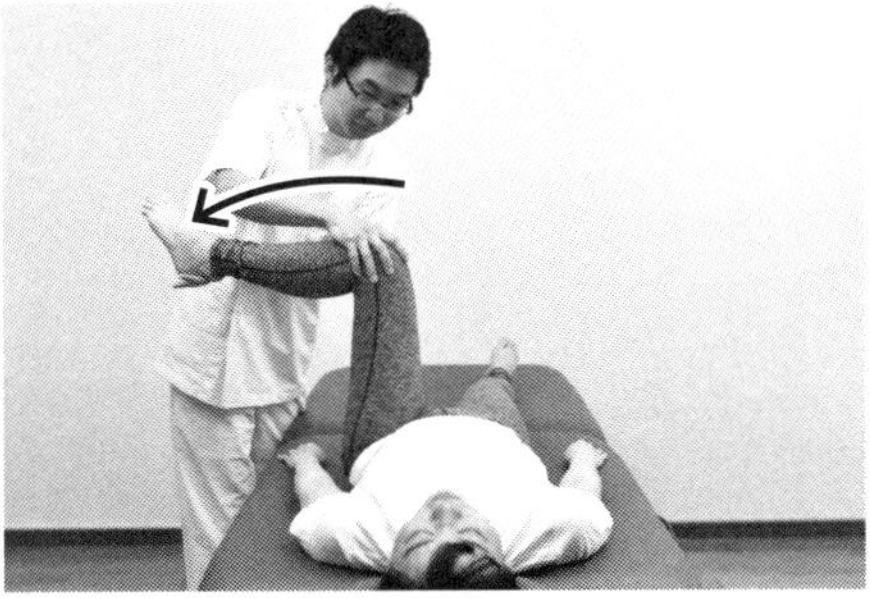

再度、可動域検査を行い、該当部位の動きが良くなったことを確認する。

本章のまとめ

①エネルギー施術は気功をベースにしており、身体の気の滞りを調整することで不具合や症状を改善していく。

②エネルギーを感じ、増強するには深呼吸が有効。13秒かけて息を吐き、7秒かけて息を吸う。息を吐く時におへその下や手のひらの真ん中から気を放出するイメージをし、息を吸う時には気が入ってくるイメージをする。

③施術は、調整ポイントに人差し指や中指の指先でそっと触れ、深呼吸を1～3回行って完了。施術の前後に可動域検査を行い、変化を確認する。

④調整部位は経絡・チャクラ・頭蓋骨。可動域検査や潜在意識に尋ねる検査で洗い出したポイントに行う。施術に慣れてきたら、自分に色々な設定を入れるなどしてより効果的な方法を編み出してみる。

第7章

アドバンス編

確実に結果を出す秘訣

施術だけで症状が改善しない理由

支配するのもされるのも、改善の邪魔をする

整体、柔道整復、鍼灸、マッサージ、気功、様々な施術に携わる方々に共通する落とし穴。それは「クライアントの言いなりになってしまうこと」と「クライアントを支配してしまおうとすること」です。

例えば、自分ではベストな施術ができたと思って「どうですか？」と尋ねたら「まだコが痛いです」と返され、言われるままに痛いという場所を追加で施術してしまうケースです。

また、クライアントがどのような生活をしているか、どのように悩んでいるかを尋ねたり寄り添うことなく、自分の腕だけで症状をねじ伏せようとしてしまうケースです。この場合は、時にクライアントを依存させてしまいます。

これらのケースはまるで真逆の姿勢に見えますが、どちらも症状の原因に目が行かなくなっている状態です。

クライアントが症状を追いかけている時こそ、施術者は勇気をもって原因を見据え、それをクライアントに伝えましょう。

「今あなたの身体はこういう状態なので、この部分の調整をしました」

「疲労が溜まって感覚がマヒしているとわかりにくいかもしれませんが、身体は応えてくれています。変化を感じていただけると改善も早くなりますよ」

と、クライアントの注目を症状から原因へ、まだある痛みから身体に起こった変化へと誘導することで、回復しやすい心身になっていきます。

また、症状の根本原因はクライアントの生活の中にあります。どんなに施術者が高い技術を持っていたとしても、クライアントの生活が変わらなければ症状は再発します。

「症状の原因はクライアントの生活にある」という考え方は、「私が調子を崩したのは、私が自分をイジメていたせいだ」とクライアントに気づいてもらうことでもあります。

クライアントの状態によっては、「私は悪くない」「周囲のせいでこうなった」と考えたり、ひいては「私の調子が悪いのは施術をしているあなたのせいだ」と考える方もいらっしゃいます。また、施術者の中にも「クライアントの生活に責任を問うなんて、治せない言い訳じゃないか」と感じる方もいらっしゃるでしょう。

施術者の領域と、クライアントの領域

心身が健康な状態とは、その人がその人らしく自立し、周囲と調和して生きていけることです。

ですから、以下のようにクライアントが自分の生活に注意を払わなかったり、施術や施術者に依存してしまう状態は、お世辞にも健康とは言えません。

「○○先生の施術を受ければ元気になるからいいやって、つい無理してしまうんですよ」
「○○先生のところに来ないと不安で……」
「○○先生にお願いすれば、改善してくれますよね？」

また、中には以下のように、自分の非を認めたくない・生活を変えたくないばかりに、周囲や施術者に責任をすべて負わせようとする方もいるでしょう。これも依存の一つです。

「家族が変わってくれれば、私も元気になれるのに」
「改善しないのは、○○先生のせいだ」

「〇〇先生が、私をこんな症状に追いやったんだ」

クライアントの人生は、そのクライアントのものです。施術者にできることは人生がより良くなるようにサポートすることだけで、クライアントの代わりに人生を生きることはできません。

クライアントの生活を無視して症状を改善させようとすることは、クライアントを思うままにコントロールしようと、人生の舵を奪うこと。舵を奪われた人は、奪った人に依存して生きることになります。

クライアントを依存させてはいけません。依存は自分で生きる力をなくしてしまいます。施術者の仕事は、クライアントが人生の舵をその手に取り戻し、生きる力をつけていけるように支えることなのです。

◎施術者の領域とは

・カウンセリングによって、その人がどんな無理（本来の性質に合わない食事・生活習慣・ストレスなど）をしているかを見つけること。

・施術によって、回復力をサポートすること。
・無理をしない生活習慣へのアドバイスをすること。

◎クライアントの領域とは

・自分がどんな無理をして自分自身をいじめていたかに気づくこと。
・回復力の邪魔をする生活習慣を変えること。
・自分の心身に対し、「何をしたらどんな反応をするのかな?」といった興味を持つこと。

それぞれが自分の領域の仕事に責任を持って取り組み、相手の領域を信頼し応援することが、よりスムーズな改善を運んできてくれます。

クライアントを手放す勇気と誠意

時には、施術者と相性の合わないクライアントに遭遇することもあります。以下のようなクライアントを意地でもサポートしようとすることは、お互いストレスの元です。施術効果も出にくくなりますし、クライアントも納得しづらくなるでしょう。

- 身体を回復させるための通院間隔を無視して、自分の都合だけで予約の日時を決めようとする。
- 遅刻やドタキャンなど、予約時間を守らない。
- セルフケアのアドバイスをしても実行しない。
- 「私は悪くない、周囲のせいだ」といった責任転嫁グセが強すぎる。
- 本人にも施術者にも悪気はないが、施術の効果が見られない、変化を感じられない。
- その他、施術者の理念にそぐわない言動をする。

世の中には無数の整骨院・整体院・鍼灸院・リラクゼーションサロン・ヒーリングサロンが存在します。あなたと相性が合わないクライアントでも、別の整体院とは相性がいいかもしれません。

同時に、世の中には無数の痛みや症状に悩む方がいらっしゃいます。相性の合わないクライアントにこだわり続けるよりも、あなたの考え方や施術にぴったりハマる方にエネルギーを注いだほうがお互いに喜びを感じられます。

「一度来院したクライアントを見放すなんて！」と感じられるかもしれませんが、施術者とクライアントの関係性はバディ（仲間、相棒）のようなもの。お互いがクライアントの健康というゴールに向けて協力し合えないのなら、その関係を続けること自体が不誠実なのです。できる限りの施術、説明、カウンセリングを行った上で、「この人には私の考え方や施術は合わないな」と感じたら、思い切ってそのクライアントを手放しましょう。

セルフケアを実行しないなど考え方が合わない方には、「しばらくセルフケアを頑張ってみて、また症状が気になった時にでもご連絡ください」と、伝えるのもよし。

遅刻やキャンセルが多い方なら、「お忙しいようですし、こちらの施術間隔とは相性が合わないかもしれないですね。もっと時間の融通が利くところをお選びになったほうがいいかもしれません」と率直に伝えるのも良いでしょう。

そのままお別れになるクライアントもいれば、伝えたところから良い関係を築けるクライアントもいます。より良い施術とクライアントの健康、そしてあなたの考え方や施術に賛同してくれる新しいクライアントと出会うために、時には勇気と誠意を発揮してみませんか？

本章のまとめ

①クライアントの言いなりにならず、クライアントを支配しようとしない。

②クライアントを依存させるのではなく、自力で健康に生きていく力をつけられるようサポートする。

③クライアントにはクライアントの引き受ける領域があり、施術者には施術者の引き受ける領域がある。

④どうしても合わない、一緒に健康を目指して努力できないクライアントは、手放す勇気を持つ。

第8章

アドバンス編

確実に結果を出す秘訣

「症状の最大の原因＝生活」を整えるセルフケアアドバイス

セルフケアの3大原則

セルフケアの指導や実践をする前に、知っておきたい三つの原則があります。

①「足す」より「抜く」

体調を崩した原因は、甘い物の食べすぎ、仕方ないからと我慢してきたストレスなど、これまでの生活の中にあった何かです。整体やヨガ、サプリなどを上からプラスするよりも、原因である「何か」を抜く方が早く・安く・簡単で効果が出やすいのです。

何かをプラスしたい時は、抜いた隙間を埋める感覚で行うのがおすすめです。

②外にある情報より、自分の体に聞いてみる

例えば、「菜食（マクロビ）がいい」「肉食（糖質制限）がいい」という二つの意見があります。「どっちが正しいの？」と言いたくなるかもしれませんが、体質やコンディションによって摂るべき食事は人によって違います。クライアントに合うものを知っているのはクライアントの身体です。

食事のアドバイスを始めると、必ず「はちみつってどうですか？」「牛乳って駄目なん

ですか？」など一つ一つの食品について尋ねられることになります。それぞれの食品のメリット・デメリットを調べておくことも大切ですが、一番重要なのはクライアントが自分の身体と生活の関係に興味関心を持つように仕向けることです。

「この食べ物を食べた時、自分の体はどう反応するだろう」ということを実験するつもりで観察するように、アドバイスしてみましょう。

③ピンとこないのはマヒしている証拠。まずはノイズを抜く

「実際に自分の体で試してみてもよくわからない」という時は、疲労・添加物・電磁波・糖類・その他の余計なもの＝ノイズによって、身体の感覚がマヒしている証拠です。身体の微妙な変化を知覚できなくなっていますから、まずはデトックスでノイズを抜きましょう。

スマホを触る時間を減らす、甘い物や炭水化物を減らす、外食を減らす。できることから減らしてみましょう。

こういう方は、可動域検査や施術後の身体の変化にも気づきにくいことが多いため、施術効果をしっかり感じてもらうためにも、デトックスの指導はとても重要です。

一番の近道は食べ物を変えること

私たちの身体は、食べたものでできています。ですから、身体の調子を整えたいなら食べ物を見直すのが一番の近道。同時に、心の状態も食べ物によって大きな影響を受けています。

以下に示すのは、特定の食べ物を摂りすぎた場合や、逆に足りない場合に起こりやすい不調です。

◆特定の食べ物の過不足による不調

◎甘い物や糖質の摂りすぎ

身体面……血液ドロドロ・血糖値の乱高下・胃、腸、膵臓、副腎をはじめとした内臓の機能低下・脳の糖質依存と禁断症状。

精神面……食べてすぐは気分が良いが、血糖値の急低下により不安・イライラ・恐怖・ストレスを感じやすくなる・攻撃性の増加。

◎糖質の不足

身体面……エネルギー不足・筋肉が落ちやすくなる・血糖値コントロールが乱れる。

精神面……ハイ（躁状態）になりやすくなる。

◎肉や乳製品の摂りすぎ

身体面……ホルモンバランスの乱れ（ホルモン剤の影響がある場合）・生理が重い・腸の不調・血液ドロドロ。

精神面……気分にムラが出やすくなる・だるさ。

◎動物性タンパク質・植物性タンパク質の不足

身体面……筋肉が付きにくい・肌がカサカサする・傷が治りにくい・不調の回復が遅い。

精神面……心配性・神経質・考えすぎ。

◎菜食・ファスティングなど、食事制限のやりすぎ

身体面……栄養の偏り・栄養不足・肌のかゆみやカサつき。

精神面……神経質・イライラ・人のことを審判したくなる・こだわりが強くなる・テンションがハイになる。

◎外食・インスタント食品など、食品添加物の摂りすぎ

身体面……胃や腸をはじめとした内臓機能の低下・皮膚炎・アトピーやアレルギー・鼻炎。
精神面……落ち着きがなくなる・集中できなくなる・気分にムラが出る・忘れっぽくなる。

多くの場合、体調不良の原因になっている食生活は、糖質と添加物の摂りすぎです。特に甘い物、パン、麺類などは手っ取り早くカロリーが吸収でき、血糖値の上昇によって脳が快感を覚えるため、疲れたりストレスを感じた時、または退屈な時などに欲しくなりやすいものです。

しかし、その後に起こる血糖値の急降下によって、眠気やだるさ、イライラ、不安を感じやすくなってしまいます。その時のストレスにより、また甘い物やパンを食べたくなるという悪循環に陥ってしまうのです。甘い物や糖類には強い依存性がありますから、ただ単に「減らしてください」というだけではなかなか続きません。

そもそもどうしてそんなに甘い物や糖質を欲してしまうのかといえば、以下のような理

由が挙げられます。

・ストレス解消や暇つぶしのため。

・ミネラルやビタミン不足によるきつさを、手っ取り早く補うための錯覚。

・脳が働きすぎ（頭脳労働・考えすぎ・イライラや不安）の時に、快感を得たいため。

ストレス解消や退屈しのぎのために糖質を欲しているなら、音楽・映画・マンガ・本・おしゃべり・運動・カラオケなど、食べること以外のストレス解消法を取り入れていくことが有効です。

鉄分などのミネラルが不足すると、脳がその大変さを補うためになぜか甘い物や糖質を欲してしまうことがあります。魚介類や天然塩、野菜、きのこ、海藻などをまんべんなく食べておくことも、過度な甘い物への欲求を減らしてくれます。

糖分は脳の栄養になるとよく言われます。しかし、その糖分を得るためには、身体で分解するという過程を踏むことが前提です。分解という労働の対価として、脳に糖という栄養が届けられます。もし働かなくても毎日百万円もらえるとしたらどうでしょう。仕事に出かけなくなり、ダラダラ過ごしてしまう人がほとんどですよね。

同じことが身体にも言えます。分解しなくても直接糖を与えられるなら、身体は分解するという仕事を怠けるようになっていき、内臓機能の低下を起こしてしまいかねません。

締め切り直前の漫画家さんのような極限状態で仕事をしている場合でなければ、脳の栄養としての甘い物はあまりおすすめできません。糖類よりも、頭の中をカラッポにして休める時間のほうが、断然贅沢な脳へのご褒美になります。


食事の改善や食餌療法に挑む際に知っておきたいのは、人によって持って生まれた体質も違えば、同じ人であってもタイミングによって合う食べ物・合わない食べ物は違うということです。Aさんが菜食を続けて体調がよくなったからと言って、Bさんにも菜食が合うとは限りません。どんな原因によって症状が出ているか、置かれている環境がどうか、生まれ持った体質はどうか。そこまで一致しているならば、成功する可能性が高いといえるでしょう。

しかし何よりもクライアントに合う食べ物を知っているのは、クライアントの身体です。情報や頭で判断するよりも、身体に尋ねるのが一番。「これを食べた時、自分の心身はどういう反応をするだろう?」という興味とワクワクをもって食事をすることほど、実践的な食餌療法はないのです。

その上で、炭水化物・タンパク質・野菜やキノコや海藻類をだいたい1：1：1くらいの比率で、動物性・植物性含め色々な種類を取り混ぜてバランスよく食べることが理想です。

こういった食べ物の影響をとてもよく勉強し、実践しているクライアントは少なくありません。自然食品や無農薬野菜を選び、昔ながらの作り方をされた味噌や醤油を使ったご飯を食べています。でも、症状が出る。いいところまでは回復するのに、またぶり返してしまう。そういった状況に置かれている方の身体に大きな影響を及ぼしているのは、食べ物ではなくストレスだと言えるでしょう。

家庭、仕事、人間関係……ストレスと上手に向き合うコツ

ストレスと言うと、「ストレスなんて誰にでもあるし、言っても仕方がないよね」「もっと頑張っている人はたくさんいるのに、私ごときがストレスなんて……」といった見方をする人もいるでしょう。

ストレスとは、心身にかかる負荷のことです。適切な負荷がかからなければ心も体ももろくなってしまいますし、ストレス過剰な状態は心身を苛んでしまいます。ストレスから

不調を起こしてしまった方に多いのは、仕事のストレス、家庭や人間関係のストレス、自分で自分を追い込むストレスです。

◎仕事のストレス

・残業などの長時間労働や、交代制などの時間の不規則。
・業務内容が性質に合わない。
・評価されない、達成感がない、賃金が労働に見合っていない。
・職場の人間関係がうまくいかない。

◎家庭や人間関係のストレス

・言いたいことを言えない、心を開けない。
・暴言や暴力。
・過保護や過干渉、または無関心。
・両親の不仲（お子さんの不調の核）。
・スキンシップの不足。
・相手のせいで自分の生活が制限されているように感じる。

◎自分に対するストレス

・自信がなく、自己卑下や自尊心の暴走がある。
・休むことに罪悪感を抱いてしまう。
・自分はダメだと思う反面、その状態を改善できない（したくない）。
・完璧主義で自分のことも周囲のことも許せない。
・好きなことをガマンしてしまったり、わからなくなっている。
・不摂生で心身を大事にしない生活、セルフネグレクト。

こういったストレスに長期間にわたって晒されていると、心身が「その状態が続くと危険だからどうにかして！」と、症状というサインを出してくれます。

時には生活に支障をきたすような具体的な症状になりきれないまま、週末になると動けなくなる、自分がなんのために生きているのかわからなくなる、このままでいいのか不安で仕方ない、などの悶々とした気持ちに苛まれる場合もあります。

過度なストレスに対してこのような不調が出るのは、その人の心身が正常な警報装置を持っているということです。心身はつらいかもしれませんが、実は健全な証拠なのです。

ストレスへの対処には、次のものがあります。

①根本的な対処（状況や自分の考え方を変えようとすること）。

②表面的な対処（いわゆるストレス発散）。

抱えているストレスに対し、根本的な対処をしたい時のケースです。仕事のストレスは、労働への喜びと対価のバランスをきちんととります。明らかにバランスが崩れていると感じるなら、相談するなどして状況の改善に働きかけましょう。

家庭や人間関係のストレスは、適切な距離をはかることと、近しい人なら一緒に生きていく努力をすること。その努力をしたいと思えないのはなぜなのかを考えることです。

自分に対するストレスは、ダイエット前に体重計に乗るように、まずそのままの自分を認める勇気を持つこと。そして小さなことの積み重ねから自分への信頼を取り戻すことです。

このような見方を核にして、以下のようなことが効果的です。

・自分の求めている労働条件や対価をハッキリさせる。

- 人間関係の何が引っかかっているのか、どうあると心が晴れるのかを書き出してみる。
- 自分の現状と理想のギャップを書き出し、それをなぜ自分は埋められないのか（埋めたくない理由）を考えてみる。
- 「ストレスの原因はわかった。じゃあ、これからどうする？」と自分に問いかけてみる
- 以上を具体的な行動に移してみる。

とはいえ、ストレスをゼロにすることはできません。もしできたとしても、逆に心と体をどんどん弱めてしまうことになります。

ですから、ストレス発散はとても大切なこと。次のような発散法はおすすめです。

- カラオケなどで大声を出す。
- スポーツやダンスで身体を動かす。
- とにかく笑える映画・動画を観る、本・マンガを読む。
- 趣味に没頭する。
- 家、カフェ、公園など、居心地のいい場所で過ごす。
- 山、海、神社など、自然の豊かな場所で過ごす。

・友達や家族と、くだらないことでゲラゲラ笑う。

ちなみに、ストレス解消や暇つぶしの筆頭となるスマートフォンやパソコンは、頭ばかりが興奮してしまい、身体的ストレスが改善されにくくなります。そのため、ちょっとした気分転換にはなっても、症状にアプローチするストレス解消にはなりづらいと言えます。

特に自律神経の不調で悩んでいる方にとっては、頭の興奮＝交感神経の働きすぎを促してしまいますし、スマホやＷｉ－Ｆｉから発せられる電磁波の心身への影響は決して無視できるものではありません。

次のような心がけによってスマホと上手に距離をとることで、頭と心と身体をストレスから守ることができます。

・寝る1時間前には、スマホやパソコンの使用をやめる。
・夜寝る時は、スマホを別の部屋に置く（目覚ましとして使っているなら、別途目覚まし時計を買う）。
・タイマーをかけて使用時間を決める。
・人と話している時はスマホをしまう。

・週に1回、スマホを持たずに外出する日を作る。

性格と考えグセは別物と知る

ストレスに対処する生活習慣のお話をしていると、こうおっしゃる方がいます。

「でも私は元々心配性だから仕方がない」

「どんどん動かないと落ち着かなくて、休むとソワソワする」

人には確かに持って生まれた性格や性質があります。その範囲内の言動や考え方なら身体に障ることはありません。元々の性質から外れたことをしている、もしくは元々の性質の許容範囲を超えているから、症状になっているのです。

「自分はこういう性格だから仕方ない」と思っている性質の多くは、何かしらの出来事や負荷によって作られた考えグセです。考えグセそのものが悪いわけではありませんし、誰しもいくつかの考えグセを身につけていますが、あまりにも元の性質と離れている場合は注意が必要です。

◎Aさんの実例（失敗してはいけないという考えグセ）

小さい時は人前で踊ったり歌ったりすることが好きで、友達も多かったというAさん。小学校、中学校と年齢が上がるにつれて周囲からの期待が大きくなり、勉強や人間関係において「失敗してはいけない」「間違えてはいけない」と言い聞かされるようになりました。すると高校に入る頃から人見知りをするようになり、人との付き合いや勉強の中での失敗を避けようとするあまり、徐々に引きこもるようになってしまいました。

けれど、人前に出ることや人とのつながりを楽しむ性質を持って生まれたAさん。引きこもることで失敗というダメージを避けているようでいて、実はもっと大切な心の栄養が足りなくなってしまい、摂食障害やうつ状態に悩まされるようになってしまいました。

その後、アルバイトや友達関係を通してだんだんと人とのつながりを取り戻し、失敗を気にしすぎるよりも交流や表現を楽しむことを大切にしていった結果、心身の不調が軽減していきました。

◎Bさんの実例（前に出て頑張らなくてはいけないという考えグセ）

小さい頃はおっとりして泣き虫だったというBさん。転勤族の旦那様との結婚を期に、短期間でどんどん新しい環境に飛び込んでいく日々が始まりました。

「おっとり泣き虫な自分のままじゃやっていけない。もっと前に出て頑張らなくては！」と奮起され、どんどん働き、役員なども率先して引き受けていったそうです。

しかし、大きな災害を機に動悸や不眠などの症状が現れるようになりました。ゆっくりしていると余計に不安になるからと働いたり出かけたりもしていましたが、それもつらくなってしまったそう。

元々おっとりリズムを持って生まれたＢさん。急き立てるような強気の生活がそうでない人よりも大きなストレスになり、交感神経が優位になっていたところに災害という大きなストレスがかかって、交感神経のスイッチがなかなか切りかわらなくなってしまいました。

外で頑張るのは大事なことです。しかし、元々のおっとりリズムを取り戻す時間を作ることも、心身を整えるためにはとても大切。お茶を飲みながら好きな本を読む。美術館に好きな絵を観に行く。夜になってもやらなければいけないことを考えるのをやめる。こういったことの積み重ねで、徐々に動悸や不眠が治まっていきました。

その人が性格だと思っているものが、元々の性質なのか、考えグセなのかを調べる際に有効なのは、子どもの時の性格を尋ねることです。

・子どもの時はどんな性格でしたか？　今はどんな性格だと思いますか？
・子どもの時は何をするのが好きでしたか？　何をして遊んでいましたか？
・子どもの時と今とで、性格は違うと感じますか？
・自分の性格が変わったと感じる時期や出来事はありませんでしたか？

子どもの時の性格と今の性格とにギャップがあるようなら、今の性格だと思っているものは考えグセである可能性が高いといえます。もしそうなら、生活の中に子ども時代の性格に沿ったリズムを取り入れたり、好きだった遊びを再現することなどがおすすめです。

能動的に行うセルフケアが最大の効果を生む

セルフケアを実行してもらおうとする時、多くの場合「クライアントが乗り気にならない」という壁にぶつかります。

人の体調や性質は習慣によって作られますが、一度身につけた習慣は変えたがらないもの。いくら知識として「甘い物や添加物は身体によくない」「適度な運動が大事」と知っていても、コンビニで買ったお菓子をダラダラしながら食べる習慣がついている人は、それを変えたくないと感じます。

クライアントが生活を改善していくための第一歩は、症状を作り出してきたのは自分だったんだと気づき、お腹の底から納得することです。

学生時代の勉強を思い出してみてください。好きな教科は自ら進んで勉強したくなるから身につきやすかったし、嫌いな教科はいくら時間をかけてドリルをしてもなかなか頭に入ってこなかった……という経験はありませんか？

自分から進んで行う生活改善はどんどん変化をもたらしますが、言われたから嫌々やっている生活改善はなかなか続きません。どんな些細なセルフケアでも、「私はこれをするんだ！」と能動的に行う生活改善ほど効果的なものはないのです。

クライアントが症状の原因は自分にあったことに気づき、生活を変えていくためには、施術者が「なぜ人は体調を崩すのか」ということを多角的に見つめ、クライアントが納得できる形で差し出す必要があります。以下のようなことを一つ一つ説明していくと、クライアントが納得しやすく、実行に移しやすくなります。

・食べ物や環境、過去のケガなどからの身体的影響の説明。
・人間関係や考えグセからの精神的影響の説明。
・同じ症状で悩んでいた方が、どんなふうに改善していったか。
・どういう人が改善しやすく、どういう人は改善しにくいか。
・クライアントが悩んでいる症状＝身体はどういうことを訴えているのか。

「好きなこと」こそが生命力を作り出す！

「元気になったら、昔やっていたテニスをまたやりたい！」

「再来月に海外旅行へ行くから、それまでに元気になりたい！」

こういった目標がある人は、改善がとても早い傾向があります。能動的に動くからというのもありますが、施術や生活改善が「好きなことをするため」の手段の一部になっているからです。

人の生命力を作り出すのは、好きなことをしたり、好きなものに触れる時です。ときめきや情熱、ワクワクドキドキする気持ち、うっとりと穏やかな状態、我を忘れるほどの没頭などは、生きる力を与えてくれます。

スポーツの練習やトレーニングのように、好きなことをするためにはちょっとした面倒ごとを引き受けることもあります。しかしそれは、イヤな出来事から来るストレスとは違って、心身にとって最高のストレスをかけてくれます。適切な負荷がかかった心身はどんどん太く強くなります。ほどよい休憩をとって疲れを抜きながら、好きなことにエネルギーを注ぐほどストレスに強くなり、元気でやりたいことをやり続けるために健康でいようとします。

生命力は、誰かが何かをしてくれても増えることはありません。他人が食べたご飯が自分の栄養にならないのと同じで、自分の心身からしか作り出すことはできないのです。

クライアントに「趣味や好きなことをする時間を作ってください」とお願いすると、「趣味がありません」「好きなことがわかりません」といった答えが返ってくることがあります。特に、家族のために時間と労力を使ってきた主婦の方や、仕事がすべてで生きてきた方に多いお悩みです。こういう時におすすめなのは、子どもの時に好きだったことをしてみることです。例えば以下のようなことです。

・外で遊ぶのが好きだった方には、ウォーキングやスポーツ（観戦）などを。

・お絵描きが好きだった方には、塗り絵や水彩画、イラストなどを。
・歌ったり踊ったりするのが好きだった方には、カラオケやダンスを。
・着せ替え人形などが好きだった人には、ファッションやメイクを。
・少女漫画が好きだった方には、恋愛マンガやドラマ、アイドル応援などを。

これらはあくまでも興味の入り口で、こういった枠にとらわれる必要はありません。今、楽しそうだと思えることなら何でもいいのです。

「どういう時が楽しいですか？」「どんなものにワクワクしますか？」、クライアントにそう投げかけてみると、生命力のスイッチが入りやすくなります。

本章のまとめ

①セルフケアの3大原則は「足すより抜く」「自分の身体の声を聞く」「身体の声がわからない時はノイズを抜く」。

②食べ物が身体と心に与える影響は大きい。糖類の摂りすぎ、食品添加物の摂りすぎをはじめ、糖類不足、タンパク質不足、野菜不足、過度な肉食、過度な菜食など、身体に合わない食事をしていると体調を崩しやすい。何が自分に合うのかを実験するつもりで食事を摂る。

③過度なストレスは、自律神経を乱す原因。様々な方法でのストレス発散はもちろん、人間関係、仕事、家庭、自分の考えグセなど、原因になるものに対処していくことが大切。

④能動的にやるセルフケアほど効果的なものはない。症状の原因が生活にあり、その改善が最も効果的な治療であることを説明する。好きなことに打ち込む時間、好きなことのために頑張りたいという気持ちも、強力な生命力スイッチになる。

第9章

アドバンス編

確実に結果を出す秘訣

施術者の能力を底上げする方法

食事、家庭、仕事……施術者が一番問われている

ここまで、クライアントの症状の原因となっている生活（＝食事、家庭や人間関係、仕事のストレスなど）に対する対策を説明してきました。

自分本来の性質や体質に合わない生活を送っていたり、無理なストレスを抱え続けていることが、症状につながっています。いかに不摂生を少なくするか、ストレスと向き合い発散するか、考えグセをほどいて本来のリズムを取り戻すかが、症状を改善していくカギです。

実はこれらの状態が整っているかどうかを、誰よりも一番突きつけられる人がいます。それは施術者です。身体に合う食事をしているか。家庭や人間関係がストレスでいっぱいになっていないか。仕事がうまくいっているか。これらは恐ろしいほどダイレクトに施術効果に影響します。

施術者の食生活が偏っていれば、内臓の機能低下でエネルギーの流れも滞ってしまっているでしょう。エネルギー施術だけでなく一般的な整体を行う際にも、クライアントの身体の状態や微妙な変化が掴みづらくなったり、施術に集中できないような体調不良に見舞われることもあります。

施術者の家庭や人間関係がガタついていれば、心身が休まる場所や時間がなくなり、疲労が蓄積されてしまいます。家庭は社会生活＝仕事の土台ですから、家の中に問題を抱えていると、施術の効果にムラが出たり、売り上げが不安定になることもあります。施術者の仕事がうまくいっていなければ、クライアントを逃すまいとするあまりクライアントの奴隷になってしまったり、逆に支配的になってしまいます。

こういったことが重なれば、施術の効果がなかなか出なくても不思議ではありません。逆に、食事・家庭・仕事などを自分にとってより良い方向に修正していけば、必ず施術の効果は上がっていきますし、実践すればするほどクライアントに対して具体的なアドバイスを行うことができます。

自営業者にありがちな考えグセと不調

また、施術者の多くは自営業者でもあります。自営業者は「一つでも多く仕事をこなさなければ」「他の人に任せるより自分がやったほうが早い」「いつ仕事がなくなるかわからない」といった考えグセを身につけやすい傾向があります。

「一つでも多く仕事をこなさなければ」という焦りや情熱からは、五行の「火」が連想されますね。「火」に属するのは、心臓・小腸・舌・血脈・顔色・汗などです。動悸や多汗、顔が赤いなどの症状が出ているなら、やる気や情熱の空回りが原因の可能性が高いでしょう。

また、消化しきれないほどの仕事を取り込もうとする貪欲さからは、五行の「土」が連想されます。「土」に属するのは、脾・胃・口・肉・依存・共感・損得勘定など。貪欲さが行きすぎると、食べすぎ・飲みすぎ、胃や食道の不調、肥満などの症状が起こりやすくなります。

「他の人に任せるより自分がやったほうが早い」という気持ちからは、自分のほうが正しい＝五行の「木」という要素が連想されます。「木」に属するのは、肝・胆・目・筋肉・怒り・正義感・こうあらねばならないという想い。背中の痛み・胆のう炎・目の痛み・首肩のコリや痛みなどに悩まされているなら、自分の正しさや優位性にこだわりすぎるせいかもしれません。

人を信じられない、任せられない姿勢は、五行の「金」につながります。「金」に当てはまるのは、肺・大腸・鼻・皮膚・悲しみ・寂しさ・後悔・バリア機能など。人に仕事を振ることができずにいると、腸の疲労、アトピーやアレルギー・皮膚炎・鼻炎・咳などに見舞われやすくなるでしょう。

「いつ仕事がなくなるかわからない」という不安や恐怖は、五行の「水」を連想させます。「水」に属するのは腎・膀胱・耳・骨・髪・不安・恐怖・驚き・神経質などです。めまいや耳鳴り・尿道炎・白髪・小さなことにビクビクしてしまう・神経質すぎるといったことに困っているなら、いつ仕事を失うかわからないという怯えが大きくなりすぎている証拠と言えるでしょう。

もしもあなたがこういった不調や考えグセに心身を振り回されているなら、そろそろその思い込みを外し、本来の性格や性質を取り戻す時期です。

職場の人間関係もクライアントに対するものと同じ

あなたが働いている施術院やサロンには、一緒に働いているスタッフさんはいらっしゃいますか？　一人で働いている方、家族経営の方、スタッフを雇っている方、ご自身が雇われている立場の方、それぞれに違う環境にいらっしゃることでしょう。

私の経営している常若整骨院は、現在私と妻の二人で経営をしています。それ以前に働いていたところでは院長として他のスタッフさん数名と働いていましたし、さらにそれ以前はスタッフとして雇われる立場でも働いていました。

一緒に働く人たちとの関係は、仕事をする上でとても大切です。これまでにお伝えしてきたように、生活習慣・ストレス・人間関係や家庭関係といった要因が不安定だと施術の出来に大きな影響を及ぼします。まして、それが仕事現場でのストレスであれば、よりハッキリとした悪影響になってしまいます。

スタッフさんとの付き合い方も、基本的には第7章で説明したクライアントに対するものと同じで、次のような心がけが大切です。

・相手を支配せず、支配もされないこと。

・自分がやるべき仕事（領域）と、相手のやるべき仕事（領域）を分けて考えること。
・言いたいことはできるだけ飲み込まず、相手が受け取りやすい表現やユーモアを交えて伝えること。
・自分やスタッフに出ている症状から、どんなストレスを抱えているのか逆算してみること。特に仕事や社会を意味する身体の右側に出ている症状や、働き始めてから出てきた症状は大切なヒント。
・どうしても性質が合わない相手とは、お互いがストレスを感じずにいられる程度の距離をとること。

他人の考えを変えることはできません。変われるのは、本人が本気で「変わりたい」と思った時だけです。それでいて不思議なことに、自分が変わると相手も変わります。

また、職場や家族といったグループのうち、誰か一人だけがやたらと体調を崩したり、頼りにならなかったり、問題を起こしがちだということはありませんか？　これは陰陽バランスから起こることです。

第2章で、「陰」と「陽」という東洋医学の思想についてお話ししました。陰とは内側や下に向かうエネルギーで、陽とは外側や上に向かうエネルギーです。そして、陰と陽は常にバランスを取り合おうと流動しており、人間関係の中にも陰陽バランスが存在しています。

例えば、Aさん、Bさん、Cさん、Dさんの4人が働いている整体院があったとします。

Aさんは「仕事はきっちりやらないといけないし、周囲もそうすべき」という働き者。

Bさんは「ストレスなんか皆あるんだから、つらくても頑張らないと」という頑張り屋。

Cさんは「仕事をしてる間は家庭問題を考えなくていいから、楽」というテキパキした人。

Dさんは「人に迷惑をかけないこと、周囲の役に立てることが大切」という空気を読みがちな人。

この4人が一緒に働いている時、おそらくDさんが一番体調を崩しやすく、または最も問題がある人に見えるでしょう。これは、Aさん・Bさん・Cさんという3人が「陽」(働き者・頑張り屋・テキパキ)に傾いた考えグセを備えており、本人の中に本当は存在している「陰」(本当はキリキリしないで休みたい・頑張るのに疲れた・家族関係と向き合わないといけない)を見ないフリをしているために、「陰」の要素が強いDさんが3人分の「陽」とバランスをとるくらいのネガティブに傾くことで、グループ全体のバランスをとっているからです。

これを改善するためには、Aさん・Bさん・Cさんそれぞれが、見ないフリをしている

「陰」をしっかり見つめ、それに沿った生活に整えていくことが有効です。もちろんDさんも、本当は持っているはずの「陽」（言いたいことを言って好きなことをしたい）と向き合い、健全なかたちで実行していく必要があります。

夫婦であれば、夫（妻）が仕事や社会活動に燃えるほど、妻（夫）がふさぎ込んだり体調を崩してしまう……というのがよくあるパターンでしょう。これも、仕事や社会活動をセーブして休む時間を増やしたり、なぜバランスが崩れるほどに燃え立たせないといけないのか、何かから目を逸らしていないかなどを考えることでバランスを整えることができます。

なによりも、「自分にウソをつかず、この人とより仲良く生きていくためにはどうしたらいいだろう」と問い続けること。もしそれをしたいと思えないのなら、なぜなのかを考えることです。できる限りの策を尽くしてもどうしても解決できないのなら、速やかに距離をとりましょう。

「これさえやれば」の一発逆転思想はケガのもと

「〇〇するだけダイエット」「△△するだけ健康法」……、こういったものをテレビや雑誌、ネットで見かけない日はありません。

しかし、人が体調を崩す理由は千差万別です。胃の不調が食事からきている人もいれば対人ストレスからきている人もいるように、同じ症状であっても原因が違うことは少なくありません。これは施術についても同じです。骨盤のゆがみさえとればいい。首の骨さえ調整すればいい。筋肉だけ、筋膜だけ調整すればいい。というように、特定の場所だけを見ていると、ある程度の結果は出てもそれ以上の症状に太刀打ちできなくなってしまいます。本当の意味での原因を見ていないからです。

私はこれまで、いくつもの施術ＤＶＤを購入したり、いくつもの施術セミナーに参加してきました。骨盤や仙骨にアプローチするもの、女性特有の疾患を改善するための技術、筋肉や筋膜を調整するものなど、どの施術も理論がハッキリしており、習得すれば一定の効果を出すことができました。

しかし、セミナーに通って新しい技術を手に入れて実践することを繰り返しているうちに、「ひょっとして自分は、ある一定の深さから先には進めていないのではないか」という気がしてきました。クライアントの症状を水面の波、原因を海底だとしたら、技術という船をいくつも浮かべて症状と戯れているだけで、海底に手をついたことがなかったように思ったのです。

セミナーに通ったりDVDをいくつも購入していたのは、その時の自分の施術に自信がなく、誰かが正解を持っていると思っていたからです。自分が知らない何か魔法のような技術があり、それさえ習得すれば、太刀打ちできないクライアントのことも改善できるだろうと思っていました。

しかし正解はありませんでした。必要なのは、どのくらいクライアントと向き合うか、どのくらい自らと向き合うかということだけ。そのために実践したのは、私の場合は自律神経整体であり、東洋医学的なアプローチと生活習慣の見直しでした。

それまであれこれと取り混ぜていた技術を自律神経整体一本に絞り、カウンセリングと生活習慣のアドバイスを徹底するようにしました。私生活では、ストレスから週に1回はドカ食いしていたお菓子をやめ、セミナーで留守にすることが多かった休日を家族と過ごすように変えていきました。これまで棚上げにしてきた夫婦の問題にお互いが向き合い、話し合い、どうすればもっと楽しく一緒に生きていけるのかを考え、できることから実践してみました。

すると次第に、今まで苦手だったタイプの症状やクライアントが怖くなくなり、ちょっと手ごわい症状の方が来ることが楽しみにさえなってきました。売り上げも安定するようになり、追い立てられるような不安が減っていきました。時には家に帰ることがストレスでしたが、家庭が安らぎの場になると疲れも抜けが良くなり、また頑張ろうと前向きな気持ちになります。

カウンセリングや施術は、試行錯誤の末に今の形に落ち着きましたが、まだまだ進化していくことでしょう。

一発逆転の魔法は存在しません。逆に言えば、覚悟を決めてコツコツと試行錯誤を積み上げていきさえすれば、どんな技術を入り口にしても原因に手が届くはず。しかもそれはゴールではなく、あなたにとって最高の施術を手にするための、あなたが最高の施術家になるための第一歩なのです。

統一性のないツギハギ施術にならないために

クライアントから「遠方に住む親戚が体調が悪いので、良い整体院があれば紹介してもらえませんか？」と頼まれることがあります。その地域によく知っている施術家がいればその方を紹介できますが、あいにく知り合いがいない場合はホームページなどからおすすめできそうな整体院を探すことになります。この時ポイントになるのが、以下の点です。

・この整体院では、どのような考えで施術に取り組んでいるのか？
・この整体院は、どのような理論の施術を行っているのか？
・この整体院では、実際どのような施術をしているのか？

紹介を依頼されるということは、私が行っている施術と似ている整体院を希望されているということですから、できるだけ自分と共通点のある施術家を探すことになります。

この整体院の探し方は、実はセミナーや勉強会を選ぶ際にも有効です。「女性疾患改善」「腰痛改善」など、症状にスポットライトを当てたセミナーも少なくありませんが、自分が不得意な症状のセミナーに参加することを繰り返していると、統一性のないツギハギ施術をすることになってしまいかねません。

セミナーや勉強会を選ぶ時は、前述のポイントの「整体院」を「セミナー講師」に置き換えて考え、ご自身の考え方に近い、もしくは感銘を受ける、納得できる講師のところに出かけてみましょう。技術だけでなく、施術に取り組む姿勢やクライアントとの接し方など、あなたにとって有用な多くのことを教えてもらえるはずです。

せっかくお金と時間を使ってセミナーに参加するなら、知りたいこと・疑問・実行してわからないことなど、どんどん講師にぶつけてください。受け身でいて身につくことはほんのわずかです。セミナーから帰った翌日からどんどん実践して磨いていけるよう、能動的に吸収してしまいましょう。

クライアントのエネルギー量を超えるための深呼吸法

可動域検査も潜在意識に尋ねる検査もしっかりやっている。施術のポイントも的確に押さえている。他のクライアントにはかなり高い効果を出せている。なのに、どうしてもうまくいかないクライアントがいる……。こういう場合、クライアントのエネルギー量のほうが大きく、施術者のエネルギー量のほうが小さいため、押し負けてしまっていることが考えられます。

どんなにすぐれた技術を持っていても、エネルギー量が少なければ効果は出にくくなってしまいます。筋トレで筋肉をつけるようなイメージで、エネルギー量も増強できればベストですよね。

そこでぜひやっていただきたいのが、以下のような深呼吸です。人は呼吸によってエネルギーの出し入れを行っています。意識して行う深呼吸は、エネルギーの増強に欠かせません。

①両手のひらとヘソにあるエネルギーの出入り口を意識する。
②13秒かけて息を吐きながら、手のひらとヘソからエネルギーを放出しているイメージをする。
③7秒かけて息を吸いながら、手のひらとヘソからエネルギーを吸い込んでいるイメージをする。
④これを10分ほど行う。

送り出したエネルギーの行き先や吸い込んだエネルギーの出所が気になる場合は、宇宙や太陽など大きなエネルギーを持っているものをイメージすると良いでしょう。深呼吸はやればやるほどエネルギーが増強されます。

私の場合は、施術を行っている間、車を運転している間など、1日8時間程度は意識して深呼吸をしています。この深呼吸を行うようになってからは、エネルギー量で押し負けてしまって施術がうまくいかないということはどんどん減っていきました。とはいえ、自分のレベルが上がればさらに手ごわい相手がやってくるのは世の常。これからも怠らずに、当たり前の習慣として行っていきます。

いつでもどこでもできる深呼吸ですから、通勤中、仕事中、お手洗いやお風呂に入っている時、寝る前など、ご自身の生活ペースに合わせて取り入れてみてください。

週1回の神社参拝や植物でエネルギーをクリアに太くする

エネルギーは量も大事ですが、質も大切です。自身の悩み事やクライアントから吸い取った負のエネルギーなどで気の状態がごちゃごちゃしていると、施術の効果を出すどころか気分や体調を崩しかねません。

エネルギーをクリアにするために最も効率的なのは、気持ちのいい神社への参拝です。神社には、その人本来のエネルギーを強め、その人のものでないエネルギーを除去する作用があります。

神社に参拝したら手水屋で手を洗って口をゆすぎます。本殿でお賽銭箱にお賽銭を入れ、二礼二拍手（神社によって作法が違う場合もあります）したら、「いつもお見守りくださりありがとうございます。これからも真っ当に生きていけるよう励みます。いらないエネルギーを取り除き、私本来に戻れるようお導きください」といった内容をご自身にしっくり来る言葉にして、心の中で宣言します。生活習慣のノイズが抜けて感覚が敏感になってくると、この時に咳やえずく感じがしたり、身体が軽くなるように感じられることもあります。

参拝する神社は、あなたがそこを訪れて気持ちがいいと感じるかどうかで選びましょう。パワースポットとして有名かどうか等はあまり関係がありません。居心地がよく、玉砂利がきれいに掃き清められているなど、管理が行き届いているところでしたら、なおすすめです。

また、相性もあるので一概には言えませんが、お願い事を積極的に引き受けている神社では願掛けに来た人の欲を拾って帰ってしまうこともあるため、浄化にはあまり向いていない傾向があるようです。

週に1回の参拝の他、年に1回、御祈祷を受けてみるのも面白い体験です。厄除け、開運招福、心願成就、病気平癒、家内安全など様々な御祈祷がありますから、その時に気になる内容を社務所で尋ねてみてください。

エネルギーがクリアになってくると、他者のエネルギーの状態も感じやすくなってきます。エネルギー施術の効果が出やすくなると同時に、時にはハッキリとマイナスのエネルギーを受け取ったと感じることも出てくるかもしれません。そういう時は、植物をあちこちに置く、水晶やアメジストの大きな結晶を置くなどすることで、負のエネルギーを分散させることができます。

買ってくる花や観葉植物がすぐに枯れてしまう……という経験をしたことはありませんか？　これは植物が負のエネルギーを吸い取ってくれているという側面があるからです。クライアントの中にも、以前はしょっちゅう植物を枯らしていたのに、施術を受けるようになって植物がちゃんと育つようになったという方は少なくありません。

整体院は体調の悪い人がやってくる場所ですから、負のエネルギーが集まりやすいところでもあります。特に相手の身体に触れる施術をしていると、ダイレクトに影響を受け、処理できないまま溜まり続ければ、施術者やスタッフ、時には家族の体調不良の原因にもなってしまいます。目に見えない戸締りをしっかりすることで、不必要なダメージから身を守ることができるようになります。

しがらみを捨て、好きなこと（施術）にエネルギーを注ぐ

あなたは整体や施術が好きですか？　生き甲斐だという方、仕事だからやっているだけだという方、クライアントの喜ぶ顔が見たいからやっているという方、好きだったけど行き詰まっているという方、人それぞれに抱えているお気持ちは違うことでしょう。

治療業界は、整骨院や整体院の増加、大手企業による淘汰、広告規制などによる集客困難といった要因によって、なかなか厳しい時代を迎えています。施術さえ素晴らしければ経営がうまくいくわけではない。経営さえうまくいけば施術がいい加減でいいわけでもない。好きなだけで続けていくには難しい仕事です。同時に、好きでなければ諸々の大変さを引き受けてでも続けていくことはできません。

第8章でも書いたように、人の生命力を増強するために最も欠かせないことは、「心か

ら楽しめることをやる」ということ。それが何であっても構いません(できればエネルギーを汚すものでないほうが望ましくはありますが)。あなたの心や細胞が打ち震えるぐらい感動したり、楽しくて飛び跳ねたいくらいワクワクしたり、頭が空っぽになるぐらい没頭できるものに、お金と時間と情熱を注ぎましょう。

どんなに誰かがあなたのために尽くしてくれても、そこから生命力をもらうことはできません。自分が好きなことをする、好きなものに触れることでしか、実は生命力を作り出すことはできないのです。ちなみに、私が今没頭しているのはプロレス観戦です。生の試合を観に行くのはもちろん、専門チャンネルで過去の伝説的な試合を見たり、プロレス雑誌のバックナンバーを取り寄せたり、プロレス本を読んだり、プロレスラーの肉体に感銘を受けて筋トレをしたりと、様々なアプローチで楽しんでいます。好きなものを思い切り楽しむために頑張ろう、という活気ほど、毎日を支えてくれるものはありません。

逆に、生命力を奪っていくものもあります。しがらみです。「もう付き合いたくないけど、義理があるから断れない」「もう必要ないかもしれないけど、なくなると不安だから一応キープしておこう」。こう感じる関係やモノは、目に入るたび、それについて考える度にあなたのやる気を奪っていきます。

働きすぎて体調や家族関係が崩れているなら、思い切って休診日を増やしてください。

技術の高さに見合わない薄利多売に悩んでいるなら、思い切って値段を上げてみてください。要望に応えてくれない業者に困っているなら、思い切って他の業者をあたってみてください。

セミナー、教材、保険診療、業者、施術機器、性の合わないスタッフやクライアントなど、今まで持っていたものを手放すのは不安でしょう。それがどんなに重荷であっても、人間の脳は変化より現状維持を好みます。けれど、あなたの心身がストレスを感じているのなら、今が断ち切る時期なのです。

もちろん、嫌なものすべてを今すぐ投げ捨てろということではありません。面倒だから、嫌いだからとバンバン乗り換えたり切り捨てる方もいますが、相手を変えても自分が変わらなければ同じ課題がまたやってくるだけです。

努力をしてもそれ以上どうしようもなければ整理する。少しずつ入れ替える。そうしていくうちに、ご自身も環境も最も望ましい状態にカスタマイズされていきます。

しがらみを捨て、好きなことに時間とエネルギーを注ぎ始めると、あなたの方向性にぴったり合う仲間やクライアントが集まってきます。他院の施術家との横のつながりに励まされたり、こちらが学びたくなるような真摯な姿勢で健康に取り組むクライアントとの出会いに刺激を受けることも増えてきます。

その時にもう一度、「私は整体や施術が好きだろうか？」とご自身に尋ねてみてください。今とはまた違う答えが、心の奥から返ってくるはずです。

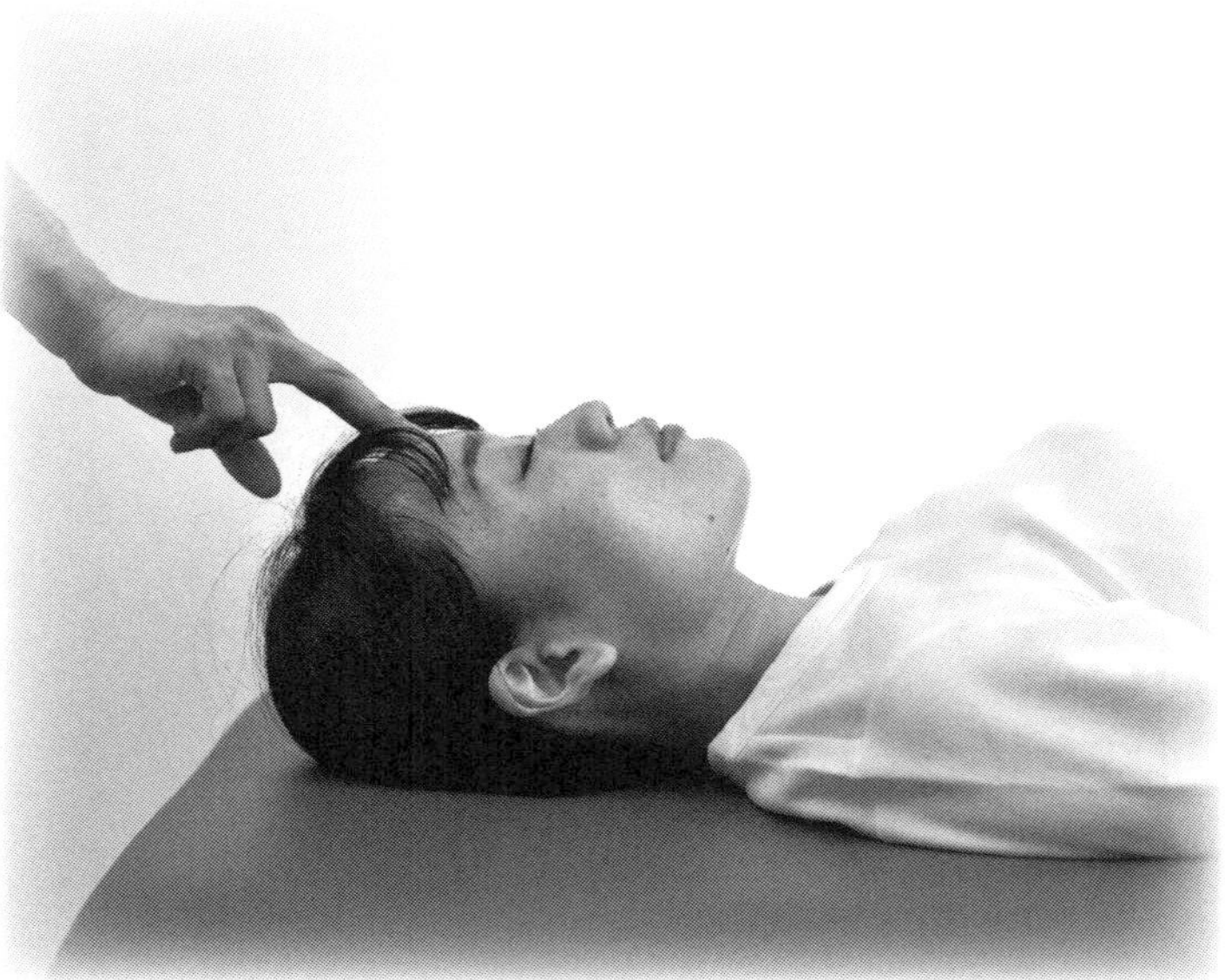

本章のまとめ

①食事、生活習慣、ストレス状況など、誰よりも問われるのは施術者である。自営業者特有の考えグセから調子を崩したり、仕事がうまくいかなくなる人も多い。他のスタッフと良い距離感で付き合えるかどうかも、施術の効果を左右する。

②「これさえやればＯＫ」というものはない。自分にとっての正解は、自分の中を掘り下げることで見つかる。生活を変えれば仕事も変わる。すべてはつながり合っている。

③深呼吸によるエネルギー増強、神社や天然石、植物などの力を借りてエネルギーをクリアにすることも、施術の助けになる。

④しがらみは少しずつ整理し、好きなことにエネルギーを注ぐと、自然と相性のいい仲間やクライアントとの出会いが増えていく。

おわりに

この本は主に、「自律神経症状に悩むクライアントをサポートしたい」という施術家に向けたものです。けれど、自律神経症状を整えるためのテクニックの本ではありません。

施術家の道を歩み始めて約10年が経ち、様々な試行錯誤を繰り返してきて思うのは、私たちの人生はすべてがつながっているのだということです。施術、カウンセリング、セルフケアアドバイス、経営といった直接的な仕事はもとより、施術家の食事、生活習慣、家庭や人間関係、考えグセなどが、どれほどクライアントの回復に影響を及ぼすかを体感した時、「なんて面白いことだろう」と心が震えたのを覚えています。

同時に、こんなにたくさんのことをやらなければいけないのか、と戦々恐々でもありました。一度にやろうとすると目がくらみそうになりますが、とりあえず目の前のことを整理する、取り組む、また次の課題が来る、それをコツコツ続けている真っ最中です。

私は決してバランスのとれた人間ではありません。ほとんどのエネルギーを施術に役立つことに注いでいることを思えば、著しくバランスを欠いているといっていいでしょう。

けれど施術の効果をアップさせてくれるとわかれば、経営も趣味も家庭も食事も、変えることにいささかの抵抗もありませんでした。やればやっただけ結果がついてくるのですから、面白くて実行せずにはいられないのです。

もちろん失敗もあります。食事制限をやりすぎて調子を崩したり、妻とケンカになることもありました。失敗というよりは「このやり方は違うのだな」と気づく経験をした、というほうが前向きなので、そう捉えることにしています。

もし、これを読んでくださっているあなたが施術がうまくいかないことにお悩みなら、施術テクニックではなく「なぜ症状が生まれてくるのか」というクライアントの抱える根本原因と「なぜ施術がうまくいかないのか」というご自身の抱える根本原因に目を向けてみてください。

また、食事、電磁波、ストレスなどの影響を知り、色々な角度からクライアントやご自身を眺められるようになると、行き詰まり感や諦めや思考停止から解放されます。以下は、多角的な知識をつけるのに頼もしい本のリストです。

◎生活習慣

『医者が教える　あなたを殺す食事　生かす食事』（内海聡、フォレスト出版）

食事にまつわる疑問・栄養・毒素・食べ方などがギュッと詰まった一冊です。

『内海聡の「大ウソ医学」にだまされない極意』（内海聡、マキノ出版）

食品添加物やお薬との付き合い方など、生活習慣や体調管理について知っておきたいお話が濃密かつコンパクトにまとめられています。

『携帯電磁波の人体影響』（矢部武、集英社）

携帯電話やスマートフォンをはじめとした電磁波が、どのように身体に影響を及ぼすかについての本です。

『子宮を温める健康法』（若杉友子、ＷＡＶＥ出版）

野草や菜食をメインにした食事法や、女性の健康にアプローチする方法が紹介されています。

『ひらきかた 何があっても大丈夫な私になれる48箇条』（蝶々、宙出版）

何気ない日常生活の中で、エネルギーをクリアに増強していく方法をまとめられた本です。

◎施術・検査

『史上最強カラー図解　プロが教える東洋医学のすべてがわかる本』（平馬直樹、浅川要、他、ナツメ社）

東洋医学の基礎知識がギュッと詰まっています。東洋医学にはじめて触れる方におすすめです。

『史上最強カラー図解　プロが教える人体のすべてがわかる本』（竹内修二、ナツメ社）

骨・筋肉・内臓・神経など、身体の基礎をわかりやすく教えてくれる一冊です。

『運動・からだ図解　経絡・ツボの基本』（森英俊、マイナビ）

全身を走る経絡や、経絡沿いに位置するツボについての基礎を、わかりやすく説明してくれます。

『運動・からだ図解　生理学の基本』（中島雅美、マイナビ）
自律神経をはじめ、脳や身体の器官・機能がどのように働いているのかを知りたい時におすすめです。
『1からわかる！　キネシオロジー』（齋藤慶太、BABジャパン）
潜在意識に尋ねる検査の基礎であるキネシオロジーを、とてもわかりやすく具体的に紹介されています。
『てあわせ　しあわせ　―手あわせ健康法』（かとう公いち、ルネッサンスアイ）
気功の基本を、とてもやさしく実践的に知ることができます。

◎考え方・経営

『「原因」と「結果」の法則』（ジェームズ・アレン、サンマーク出版）
あらゆる場面に存在する原因と結果の法則を知ることで、人のせいにしたり偶然で済ませたりせず、良い方向へ修正できるようになります。
『オンナの自由　あなたはあなたのままで、何がいけないの？』（蝶々、河出書房新社）
女性が陥りがちな考えグセを知り、断ち切るための一冊です。クライアントや家族、ご自身のストレスの原因を知るためにも。
『成功者の告白』（神田昌典、講談社）
仕事が軌道に乗っていく時、陥りがちな思考や起こってくる困った出来事にどう対処していくかを、小説仕立てで把握できる本です。
『勝ち続ける意志力　世界一プロ・ゲーマーの「仕事術」』（梅原大吾、小学館）
毎日のコツコツとした努力の積み重ねをどう行うか、具体的な方法論が学べます。
『闇金ウシジマくん』（真鍋昌平、小学館）
人がどのような要因でストレスを感じ、どのような行動をとりがちなのかを学んだマンガです。

世の中には情報があふれています。その中から何を選択するかは、その人がどんな世界観を持って生きているかで変わってきます。

クライアント一人一人に寄り添うためには、施術家が持っている情報が多いに越したことはありません。手持ちの駒が多いほど、人によって違う体質・性質・環境に合わせて、ピッタリくる生活や食事のアドバイスができます。けれど、あなたという一人の人間が生きていく時には、それほど多くの情報は必要ないかもしれません。アレコレと振り回されず、あなたがあなたらしく生きていくためにピッタリくるものを見極めてください。答えは必ずあなたの中にあります。

最後になりましたが、本書出版のお声をかけてくださったBABジャパンの森口様、スタッフの皆様、素晴らしい機会を本当にありがとうございました。

自律神経整体によって私をエネルギー施術の世界に導いてくださった、日本自律神経整体協会の岩城憲治先生、本当にありがとうございます。試行錯誤の末、オリジナルの自律神経整体とは異なる施術になっていきましたが、岩城先生が見せてくださった世界がすべてのはじまりでした。

でき上がった原稿に目を通し、より良い内容にできるようアドバイスくださった整体師の先生方。私たちの考えだけでは偏りすぎるところに、素晴らしい審神者役、ありがとうございました。

それから、クライアントの皆様。おかげさまで様々な実例をベースにして読者に役立つ方法をお伝えすることができました。本当にありがとうございます。

〈冨高明子より、誠治さんへ。本を書くという幼少からの夢を叶える機会をくださったこと、心から感謝いたします。あなたと日々、施術やカウンセリングについて話し、実践することほど楽しいことはありません。〉

そして、この本を読んでくださったあなたに、最大級の謝意を表します。どうぞより素晴らしい施術、より楽しい施術家人生を満喫されますように。本当にありがとうございました。

冨高誠治・冨高明子

冨高誠治　Seiji Tomitaka

常若整骨院院長。柔道整復師、はり・きゅう師、整体師。長崎の整骨院グループに勤務後、大分、北九州の治療院で経験を積み、福岡で独立開業。クライアントとの感動の分かち合いを信条として、日々の治療にあたっている。指導・監修 DVD に『自律神経整体！』〈第１巻、第２巻〉（BAB ジャパン刊）がある。

冨高明子　Akiko Tomitaka

常若整骨院勤務。整体カウンセリング・ブログ等執筆を担当。自らの鬱・自律神経失調症などの経験を糧に、クライアント本来の生きる力をサポートする問診や、セルフケアアドバイスなどを行っている。

◎常若整骨院
https://tocowaca.com/

写真撮影●漆戸美保
本文デザイン●澤川美代子
装丁デザイン●梅村昇史

気・エネルギーを整える！

自律神経療法の教科書

「可動域検査」と**「キネシオロジー」**で見立て、
隠れた原因にアプローチ

2019年9月5日　初版第1刷発行

著　者　　冨高誠治・冨高明子
発行者　　東口敏郎
発行所　　株式会社 BAB ジャパン
〒151-0073 東京都渋谷区笹塚 1-30-11　4・5F
TEL　03-3469-0135　FAX　03-3469-0162
URL　http://www.bab.co.jp/
E-mail　shop@bab.co.jp
郵便振替 00140-7-116767
印刷・製本　中央精版印刷株式会社

ISBN978-4-8142-0222-5 C2077

※本書は、法律に定めのある場合を除き、複製・複写できません。
※乱丁・落丁はお取り替えします。

DVD VIDEO BABジャパン　関連商品のご案内［整体・身体調整DVD］

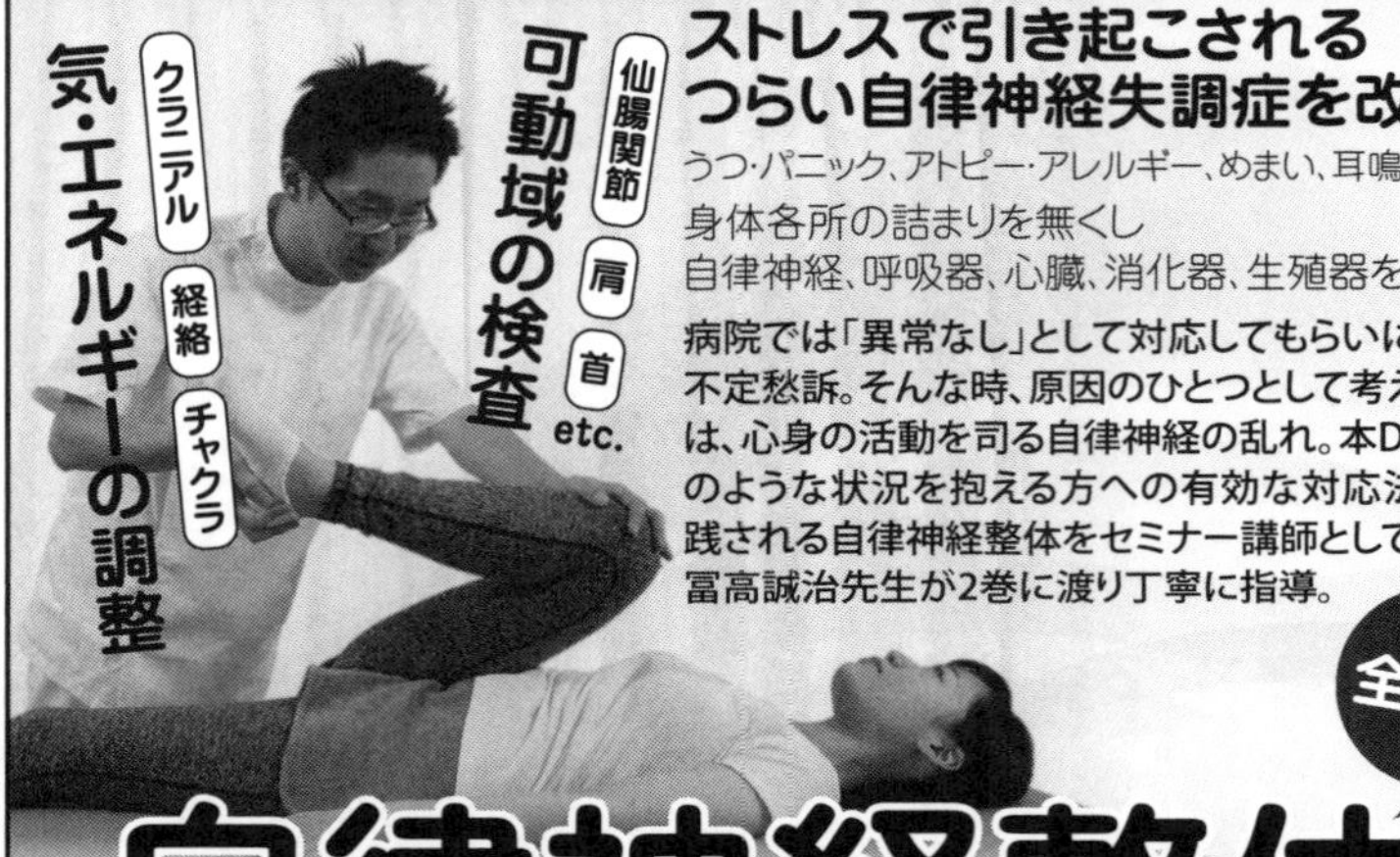

ストレスで引き起こされる つらい自律神経失調症を改善！

うつ・パニック、アトピー・アレルギー、めまい、耳鳴り…。

身体各所の詰まりを無くし
自律神経、呼吸器、心臓、消化器、生殖器を整える

病院では「異常なし」として対応してもらいにくい各種不定愁訴。そんな時、原因のひとつとして考えられるのは、心身の活動を司る自律神経の乱れ。本DVDではこのような状況を抱える方への有効な対応法として実践される自律神経整体をセミナー講師として活躍する冨高誠治先生が2巻に渡り丁寧に指導。

全2巻

自律神経整体！

指導/監修◉冨高誠治　柔道整復師 はり・きゅう師　常若整骨院院長

第1巻

改善の80%を担う
可動域検査編

52分
本体5,000円+税

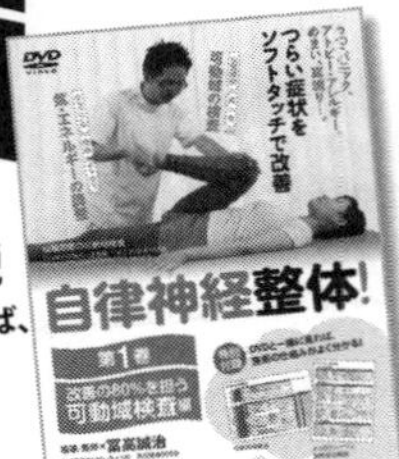

特別付録　DVDと一緒に見れば、施術の仕組みがよく分かる！
【症状別施術の手順と対応調整部位】

CONTENTS

●基礎の知識
自律神経失調症との向き合い方
●問診の基本
●可動域の検査
立位の検査／座位の検査／他
●調整部位の解説
①クラニアルの調整部位
前頭骨・蝶形骨・側頭骨・他
②経絡の調整部位
背骨の経絡・手の経絡・足の経絡
③チャクラの調整部位
会陰・下丹田・みぞおち・乳頭と乳頭の中間・のど・他
基本の施術（中心軸を作る）
生活指導の5つのポイント

第2巻

エネルギーを整える
症状別施術編

60分
本体5,000円+税

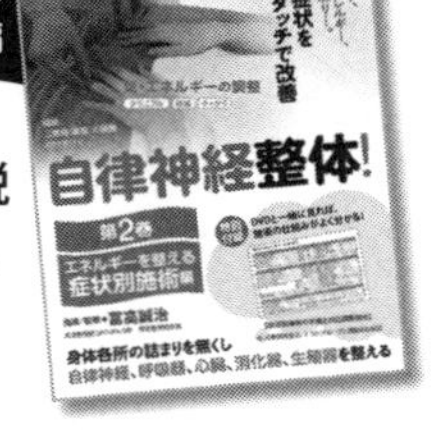

特別付録　DVDと一緒に見れば、施術の仕組みがよく分かる！

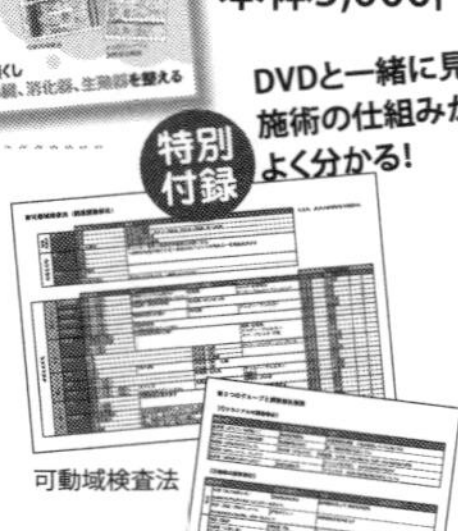

可動域検査法

3つのグループと調整部位解説

CONTENTS

●症状別の基礎知識
●症状別の施術
○共通施術
○うつ・パニックの原因
○うつ・パニックの施術
○アトピー・アレルギーの原因
○アトピー・アレルギーの施術
○めまい、耳鳴り・難聴の原因
○めまい、耳鳴り・難聴の施術
○不眠の原因　○不眠の施術
○頭痛の原因　○頭痛の施術
○施術以外の留意点

BOOK Collection

こころに効く東洋医学の実践 治療の受け方からセルフケアまで

はりきゅうで「うつ」は治る

現代医療でも診断・治療の指針が明確ではない「こころの病」に対し、今、東洋医学的アプローチが注目されています。本書では、鍼灸の基礎知識、症例、鍼灸院での治療の受け方から、自宅でできる簡単なセルフケアまでやさしくガイドします。身体に表れる 14 症状の東洋医学的な見方と改善方法も詳解します。

●岩泉瑠實子 著　●四六判　●208頁　●本体1,400円+税

1日3分! お灸タイムで体質改善&健康美!

やさしく心地よい お灸の手帖

お灸で自分を治療しよう。冷え性、頭痛、肩こり、むくみ、腰痛、便秘、生理痛、生理不順、不正出血、子宮筋腫、卵巣腫瘍、不妊症、更年期障害など、女性のお悩み症状をお灸で解決!お灸にプラスしたいセルフケア・エクササイズや毎日の過ごし方のコツも紹介します。

●山本綾乃 著　●四六判　●176頁　●本体1,200円+税

すぐわかる!すぐ使える!

トリガーポイント療法

本場オーストラリアでは、保険の対象となるほど効果の高いリメディアルセラピー。本書では、その中でもトリガーポイントにアプローチする施術法を中心として、症状別に解説します。トリガーポイントとは、痛みや不調の原因となる筋肉の硬結（しこり）。そこが引き金（トリガー）となり、離れた部位にまで痛みを引き起こします。クライアントの症状とニーズに応じた、“オーダーメイド”の施術だから効果絶大です。各症状に関係する筋肉を CG で詳解します。

●マーティー松本 著　●A5判　●180頁　●本体 1,600 円+税

すぐできる! すぐ効く!

「動き」のトリガーポイント

不快な痛みを取り除き、筋肉本来の最高のパフォーマンスを発揮!　筋肉の硬結（しこり）が引き金（トリガー）となり、離れた部位にまで不調を引き起こす。その原因に直接アプローチ。本場オーストラリアでは、保険の対象となるほど効果の高い治療的セラピー。不調の誘因となるしこりを見つけ出し、リリースする!ベストセラーとなった既刊『トリガーポイント療法』待望の続編!

●マーティー松本 著　●A5判　●212頁　●本体1,700円+税

自分ですぐできる!

筋膜筋肉ストレッチ療法

本場オーストラリア国家資格者の“治療的セラピー”だから効く!　筋膜の癒着をはがし、柔軟性を回復させる筋膜リリースと、筋肉を緩め可動域を広げるMET法（マッスルエナジーテクニック）、さらにトリガーポイントリリースも組み合わせ、肩こり・首こりをスッキリ解消させます。「伸ばす、戻す、抵抗する」で筋膜&筋肉をゆるめ、血流がアップします!

●マーティー松本 著　●A5判　●132頁　●本体1,200円+税

Magazine Collection

アロマテラピー＋カウンセリングと自然療法の専門誌

セラピスト

スキルを身につけキャリアアップを目指す方を対象とした、セラピストのための専門誌。セラピストになるための学校と資格、セラピーサロンで必要な知識・テクニック・マナー、そしてカウンセリング・テクニックも詳細に解説しています。

●隔月刊〈奇数月7日発売〉 ●A4変形判 ●164頁
●本体917円＋税
●年間定期購読料 5,940 円（税込・送料サービス）

Therapy Life.jp
セラピーのある生活

http://www.therapylife.jp/

セラピーや美容に関する話題のニュースから最新技術や知識がわかる総合情報サイト

セラピーライフ　検索

業界の最新ニュースをはじめ、様々なスキルアップ、キャリアアップのためのウェブ特集、連載、動画などのコンテンツや、全国のサロン、ショップ、スクール、イベント、求人情報などがご覧いただけるポータルサイトです。

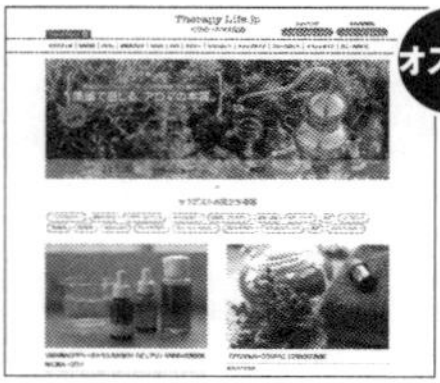

オススメ

『記事ダウンロード』…セラピスト誌のバックナンバーから厳選した人気記事を無料でご覧いただけます。

『サーチ＆ガイド』…全国のサロン、スクール、セミナー、イベント、求人などの情報掲載。

WEB『簡単診断テスト』…ココロとカラダのさまざまな診断テストを紹介します。

『LIVE、WEBセミナー』…一流講師達の、実際のライブでのセミナー情報や、WEB通信講座をご紹介。

スマホ対応　隔月刊 セラピスト 公式Webサイト

ソーシャルメディアとの連携
公式twitter「therapist_bab」
『セラピスト』facebook公式ページ

トップクラスの技術とノウハウがいつでもどこでも見放題！

THERAPY COLLEGE

WEB動画講座

セラピーNETカレッジ

www.therapynetcollege.com　セラピー 動画　検索

セラピー・ネット・カレッジ（TNCC）はセラピスト誌が運営する業界初のWEB動画サイトです。現在、150名を超える一流講師の200講座以上、500以上の動画を配信中！　すべての講座を受講できる「本科コース」、各カテゴリーごとに厳選された5つの講座を受講できる「専科コース」、学びたい講座だけを視聴する「単科コース」の3つのコースから選べます。さまざまな技術やノウハウが身につく当サイトをぜひご活用ください！


月額2,050円で見放題！　毎月新講座が登場！

一流講師180名以上の250講座を配信中!!


パソコンでじっくり学ぶ!

スマホで効率よく学ぶ!

タブレットで気軽に学ぶ!